だれが幸運をつかむのか

昔話に描かれた「贈与」の秘密

山泰幸 Yama Yoshiyuki

★——ちくまプリマー新書
245

目次 ＊ Contents

本文イラスト・たむらかずみ

はじめに

「幸せになりた〜い！」

冒頭から失礼！　思わず叫んでしまいました。だって、幸せになりたいじゃないですか。誰だって、幸せになりたいですよねぇ。

この本を手にされているということは、あなたもきっと幸せになりたいと思っているはず。この本には、幸せになるための方法がズバリ書かれているんじゃないか、たぶんそう思われたんじゃないでしょうか？

その予想は、半分は当たっていると思います。というのも、この本は、「これこれこうすれば、幸せになれますよ。」というノウハウが書かれたハウツー本ではないんですが、でも、よく読んでもらえたら、幸せになるためのヒントぐらいは、いくつか見つかるんじゃないかと、淡い期待を込めて書いたものだからです。

じゃあ、どうすれば、幸せになれるんですかって?

まあまあ、そんなにあわてないでください。

この質問に答える前に、ちょっと聞いてもいいですか? そもそも「幸せ」って、何なんでしょうかねぇ?

たとえば、いい学校に入って、いい会社に入って、いい家に住んで、いい服を着て、いいものを食べて、いい車に乗って、いい恋人に出会って、いい相手と結婚して……。数え上げたら、いろいろと出てくると思います。

でも、一口に、「いい学校」と言ったって、勉強のできる子が集まっている学校がいい学校だという人もいれば、勉強なんてできなくても、友達がいっぱいできる学校がいい学校という人もいるでしょう。逆に友達なんかできなくても、そんなこと気にしないで通える学校であれば、いい学校だという人もいるかもしれません。つまり、どんな学校がいい学校なのかは、人によって、さまざまということです。

考えてみれば、そもそも「幸せ」の具体的な内容は、時代や社会によってもずいぶんと異なっています。自然に近い生活をしてきた伝統的な社会では、季節のサイクルが順調で災害がなく、日々の糧を得ることでき、病気をせずに健康で暮らせるなど、生活を維持していくうえで、もっとも基本的な条件が整うことを幸せと考えていたと思います。昨日と同じように今日も、去年と同じように今年も無事に過ごすことが幸せなのです。

言いかえれば、プラスを求めるよりも、できるだけマイナスをなくして、ゼロに近づけることのほうがずっと大事で、それすらなかなか叶わないことだったわけですから、それが実現されるだけで、伝統的な社会で暮らしてきた人々は、心から幸せを感じていたんじゃないかと思います。「無病息災」という言葉がありますが、これは伝統的な社会における「幸せ」のあり方をよく表していると思います。

一方、生活基盤がある程度安定するようになった現代社会では、人がそれぞれに自分の興味や関心に応じた幸せを追求することが比較的容易になってきているといえると思います。それとともに価値観も多様になっていますので、いつ・どこで・何に、幸せを感じるかが、人によってじつにさまざまとなっているのです。

とはいっても、人がそれぞれにとっての幸せを求めていることは間違いないでしょう。とすると、知りたいのは、幸せはそれぞれであったとしても、それぞれの幸せを手に入れることができるのは、どんな人物なのか、ということになるんじゃないでしょうか？

「幸せ」という言葉の由来

辞典によれば、「幸せ」とは、元来は、「仕合はせ」「為合《しあ》はせ」などと表記されるように、ものごとが一致することや、巡り合わせを意味する言葉で、良くない結果も含むものでしたが、やがて良い巡り合わせを意味するようになっていったとされています。そして、ものごとの一致や巡り合わせは、人間の力を超えた神や仏など霊的存在によって与えられるものという認識が含まれています。

現代では、「幸せ」という言葉は、欲望が満たされた「状態」を意味していると捉えられています。しかし、元来は、ものごとが一致したり、巡り合ったりするという「出来事」を意味していたのです。これには、良い結果ばかりでなく、悪い結果も含まれていたというわけですから、これはわかりやすくいえば、「運」といってもいいかと思います。良い結果をもたらす場合は「幸運」であり、悪い結果をもたらす場合は「不運」

ということです。そして、この「出来事」は、神仏などの人間を超えた存在によって与えられたものと考えられていた点も重要です。これを言いかえれば、この出来事は、人間を超えた存在からの「贈与」、わかりやすくいえば、「贈り物」ということができます。

そして、この「贈り物」には、良いものもあれば、悪いものもあるというわけです。

運のいい人

私たちの周囲を見渡してみると、運のいい人と、運の悪い人がいます。能力的に飛び抜けているわけでも、すごく努力しているわけでもないにもかかわらず、いつもツイている運のいい人もいます。逆に、能力的に劣っているわけでもなければ、努力を怠っているわけでもないにもかかわらず、運の悪い人もいます。運のいい人と運の悪い人との間には、一見しただけでは、ほとんど違いが見当たりません。運のいい人も運の悪い人も、特に目立った特徴があるわけでもなく、ほとんど同じような、じつに平凡な人物であることが多いのです。

この本では、どんな人物がどのようにして、贈り物としての出来事をうまく捉えて、良い結果に導いているのか、逆に、どんな人物がどういうわけで悪い結果を導いてしまうのかについて、昔話を手掛かりにして考えてみたいのです。その意味で、この本は、「贈与」という観点から、「幸せ」のヒントを、昔話を手掛かりにして探り出す試みということができます。

なぜ、昔話なのか?

みなさんもご存じのように、昔話は、ハッピーエンドで終わる話が多いですよね。この本で昔話を取り上げる理由も、どのような人物が幸運をつかんで、最終的に幸福になるのかが、非常にわかりやすく描かれているからなんです。

日本における民俗学の創始者である柳田國男《やなぎたくにお》(一八七五—一九六二年)のことは、みなさんもご存じでしょう。民俗学に関心はなくても名前は聞いたことがあるぞ、という人が多いと思います。柳田は、次のようなことを言っています。

「人はいたずらに幸不幸ならず、これを求めるにはおのずから方法のあることを、こうして発明してきたのが昔話の手柄であった。」(柳田國男「昔話覚書」『柳田國男全集8』ちくま文庫）。

つまり、幸不幸は、でたらめに生じるのではなく、幸福を獲得するには一定の決まった方法があり、それを発明して伝えてきたのが昔話だというわけです。そこが昔話のすごいところだと言うのです。昔話に描かれている幸福に至る方法を、柳田は「幸運の法則」と呼んでいます。柳田が指摘している、この「幸運の法則」を私なりに明らかにしてみたいというのが、この本の狙いなのです。

とはいえ、その幸運をつかむ人物というのは、あくまで昔話の世界のことであって、厳しい現実の生活とは関係がないのではないか、と考える人もいるのではないでしょうか？

しかし、必ずしもそうとは言えないと私は考えています。

昔話には作者がいない

たとえば、「むかしむかし、あるところに、貧しいが、とても心のやさしいお爺《じい》さんがいました。」という昔話の冒頭の部分があったとしましょう。この箇所を聞いた人は、物語の結末はどうなると考えるでしょうか。「結局、貧しいままで終わりました。」とか、「もっとひどい目に遭いました。」という結末を想像する人は、ほとんどいないように思います。おそらく誰もが、その後の話の展開を聞かなくても、「幸せに暮らしました。」という結末を想像するのではないでしょうか。

つまり、あるタイプの人物が登場すると、最終的には幸せになるだろう、幸せになってほしいと願いながら、私たちは話を聞くことになります。また、それとは正反対のタイプの人物が登場すると、最終的に痛い目に遭うぞと、半ば期待しながら、話を聞いていくはずです。

昔話には、ふつう作者がいないと考えられています。語り手も聞き手も自分たちが納得のいくような話になるように、世代を超えて手を加えながら伝えてきたのです。つまり、世代を超えて好まれてきた人物像の場合は、最後には幸福になるように、逆に、好まれない人物像の場合は、不幸になるように話がつくられているというわけです。そのため、現代の私たちも、自分たちが納得できる結末になるように、昔話を聞いてしまうというわけなのです。

昔話とコミュニケーション

昔話に描かれた人物像に対する評価は、単純で素朴そのものですが、とても根深いものがあるように私は思います。というのも、こうした人物評価を、現実の生活のなかでも、私たちは多かれ少なかれ知らず知らずのうちに行っているのではないかと考えられるからです。好ましい人物に対しては、ちょっとした温かい働きかけをしてしまうかもしれませんし、逆に、そうでない場合は、自分でも気づかないうちに、冷たく接しているかもしれません。こうした日常生活での、ちょっとしたプラス、マイナスが付け加わったコミュニケーションが積み重なっていくと、やがては大きな違いになって表れてくるように思います。

日常生活におけるコミュニケーションの奥深いところで、子どもの頃に繰り返し聞いた昔話が、少なからず影響しているのではないか、というのが私の考えなのです。

というのも、私たちの頭の中には、人生のコースや人間関係、人付き合いの仕方などについての理想的なパターンがあり、これが私たちの日頃の行動を無意識のうちに拘束しているのではないかと考えられるからです。そして、これが重要な点ですが、私たちの理想とする行動のパターンは「物語」として記憶されているのではないかということなんです。なぜなら、行動のパターンを細かく言葉で説明するよりも、登場人物の具体的な行動を物語の中で示したほうが、私たちが行動するうえでのお手本、あるいはモデルとしてわかりやすいからなのです。さらに、この物語は、個人の頭の中だけではなく、特定の集団(家族、村落、地域、民族など)によって、濃淡はあるにしろ、かなりの程度、共有されているのではないかと考えられるのです。

人々が行動するうえでのモデルとなるような物語は、小説や映画、マンガやテレビドラマなど、さまざまなかたちで語られている物語にも見出すことができるかと思います。しかし、これらの物語のなかでも、もっとも深いところで影響しているのが、子どもの頃に誰もが聞いたことのある昔話なのではないかというのが、私の考えなのです。

だからこそ、昔話に描かれた「幸運の法則」は、きっと現代社会を生きる私たちにとっても、幸運をつかむヒントになるのではないか、というふうに思うのです。

いかがですか？　もし、そうだとすれば、昔話なんて、自分たちの現実の生活とは関係ないと言ってしまうだけでは、済まされなくなってしまうと思いませんか？

そこで、この本では、昔話を手掛かりにして、「どんな人物が幸運をつかむのか」という問いについて考えていきたいと思います。

幸せとは何か

もう一つ、この本での議論を通して考えてみたいことがあります。それは、そもそも「幸せとは何だろうか」ということです。

すでに述べたように、生活基盤がある程度安定し、価値観が多様化している現代社会では、人によって、じつにさまざまな幸せのかたちがあるでしょう。いつ・どこで・何に、幸せを感じるのかも、人によって相当違うのではないかと考えられます。現代社会が、そうした状況にあることは、おそらく間違いないでしょう。

「幸せが人それぞれである」ということは、それぞれの人の関心や興味、価値観に合った、じつにバラエティに富んだ幸せがあるということですので、それ自体はとてもいいことだと思います。しかし、その一方で、何が幸せなのかについての共通の理解が失われつつあるともいえるのではないでしょうか。幸せとは何だろうかと考え始めた途端、途方に暮れてしまうという事態が、このことをよく表しています。

幸せについての共通の理解が失われていくとどうなるでしょうか。まずは、自分の身近な人たちの幸せにさえ共感することが難しくなってくるでしょう。ましてや、自分の周囲の人たちが幸せでない状態にあるとき、「不幸」な状態にあるときに、それを理解し、そのような状態に置かれた人たちの気持ちを推し量って察するということは難しくなるでしょう。つまり、「他者」の幸不幸に対する感受性が徐々に損なわれてしまうのではないかと思うのです。

幸せを共に分かち合ったり、不幸を共に悲しんだりできないとすれば、幸せを目指して協力したり、不幸を避けたりあるいは取り除くために助け合ったり、ということも難しくなってしまいます。このことと、現代社会が抱える多くの問題が、なかなか解決に向かわないこととは深い関係があるように私は考えています。

昔話には「幸せ」が描かれている

昔話には、主人公が困難を克服して、最後には幸福に至るという筋をもった話が数多くあります。そればかりでなく、同じような筋をもった話が、世界各地に広く伝えられています。そこには、かつて人々が何を願い、何を幸せと考えてきたのかが、非常にわかりやすく描かれています。

長い年月をかけて、前の世代から次の世代へ、いくつもの世代を超えて、納得のいく筋をもった話として語り継がれてきたのが昔話です。ですので、何が幸せなのかについても、その時代時代の人々が納得できるように手を加えられてきました。昔話には、世代を超えて、共通に抱かれてきた幸せが描かれているというわけです。かつての人々に思い描かれていた幸せについて知ることは、幸せについての共通の理解が失われつつある時代に、何が幸せなのかを考える手掛かりになるのではないか、そのように考えられるのです。

この本での議論を通して、「幸せとは何だろうか」という、とても素朴で本質的な問いに対しても、読者のみなさんと一緒に考えてみたい、そのように思っています。

第一章　昔話とは何だろうか

　さてそもそも、昔話とはどのような話なのでしょうか。昔話以外にも、神話や伝説、民話といった、似たような言葉があります。一般的には、これらは、ほとんど区別されずに用いられているように思います。しかし、学問的には、その特徴によって細かく区別がされています。まずは、この辺りから説明していきましょう。

　よく用いられている言葉に、「民話」というものがあります。これは、「民間説話」の略だと言われています。長い間、人々の間で口伝えで伝えられてきた物語の総称だということができます。昔話や伝説も口伝えの話という意味では、民話に含まれるといってよいかと思います。しかし、民話には、創作民話というジャンルもありますので、民話という言葉が指しているのは、口伝えの話だけではありません。そのカヴァーする範囲は広いということができます。これらの用語の区分は、研究者によっても、かなり見解が違っていますが、この本では、およそこのように考えておきたいと思います。

昔話には固有名詞がない

「むかしむかし、あるところにお爺《じい》さんとお婆《ばあ》さんが住んでいました。お爺さんは山へ柴《しば》刈りに、お婆さんは川へ洗濯に行きました。」

これは、よく知られた、昔話「桃太郎」の始まりの部分ですね。さて、ここで一つ質問です。このお爺さんの名前を知っているという人はいますか？　おそらく、みなさんご存じないかと思います。では、お婆さんが洗濯に行った川はどうでしょうか？　どこにある何という川か知っている人はいるでしょうか？　これもおそらくご存じないのではと思います。

しかし、知らないからと言って、恥ずかしがる必要はありません。というのも、それが昔話だからです。昔話には、固有名詞がありません。これが昔話の大きな特徴です。それもそのはず、昔話を聞きながら、お爺さんの名前が気になって仕方がない、どこのなんという川なのかわからなくて、落ち着かないという人はいないですよね。

たとえば、みなさんの住んでいる地元に、子どもの頃によく遊んだりして慣れ親しんだ川があったとしましょう。もし、桃が流れてきた川が、その川だったら、「桃太郎」の話にとても親しみをもつと思うんですね。しかし、もしこれが、行ったこともなければ聞いたこともない、遠いところの川での話だとしたら、興味は湧かないとまでは言いませんが、それほどは親しみを感じないのではと思います。おそらく自分とは関係のない話ということになってしまうと思うんです。

昔話は、固有名詞がないことによって、誰にとっても、等距離にある話になっているということができます。特定の人たちに親しみをもたれたり、逆に、親しみをもたれなかったりするかわりに、誰もが等距離で楽しめる話になっているというわけです。しかし、そのためには、固有名詞に頼らないかわりに、話の筋だけで人々に興味をもってもらわないといけません。話の筋がシンプルでわかりやすく、誰もがなるほどと思うような展開がなくてはなりません。また、登場人物も、誰もがイメージしやすい人物が求められることになります。ですので、お爺さんやお婆さん、若者や娘、猿や犬などの動物、その他、決まった顔ぶれが登場して、型にはまった動きをして、パターン化されたストーリーを展開することになります。

つまり、昔話は、人物（動植物や神仏、妖怪等、人間以外の存在も含む）の類型を非常に単純化したかたちで表現しており、それらの登場人物の行動を通じて、人間の生活や人生、願望などを一般化したところでうまく捉えて表現しているということができます。その意味で、昔話は、時代や場所を超えてあてはまる非常に普遍性の高い話ということができます。

こうした昔話の普遍的な性格から、昔話は、時代や社会を超えて、人間の心の動きを反映しているのではないかと考える学者たちもいます。人間の心の奥底で繰り広げられているドラマに関心をもっている心理学者たちが、特に昔話を好んで取り上げています。

伝説は特定の場所に結びつく

伝説は、いつ、どこの、誰の話なのか、固有名詞が明示されている点が特徴です。たとえば、明治何年頃、何々村の何兵衛《なにべえ》という者の家で、これこれこういう事件があった、という具合です。特に、伝説は、特定の場所に根差しているというのが重要な特徴で、たいてい、木や石、建造物など、その話の信憑性《しんぴょうせい》を保証するような物的証拠を伴っています。

ところで、先ほど、「桃太郎」を昔話として紹介しましたが、「桃太郎」の舞台は岡山県だと考えている人も多いかと思います。その場合の「桃太郎」は、伝説ということになりますね。

昔話が特定の場所に結びついて、固有名詞をともなって、伝説化している場合もあれば、逆に、ある伝説から固有名詞を抜き去ると、昔話の話型（タイプ）としても通用するという場合もあるのです。

たとえば、みなさんもご存じの、「笠地蔵《かさじぞう》」という昔話があります。この地蔵がどこの地蔵なのか知っている人はいないでしょうし、そもそもどこの地蔵かなど考えたことのある人はいないでしょう。先ほども述べましたように、そういうことが気にならないようになっているのが、昔話だからです。ところが、採集されて記録された話には、「この地蔵が、あの笠地蔵ですよ」、という具合に、特定の場所に結びついて伝説化しているようなところもあるんですね。

実際に、話の筋から見れば昔話の話型に含まれるのですが、固有名詞が付いて伝説となっているようなものもあるのです。

話を戻せば、いつ、どこの、誰の、といった話を特定する情報が多ければ多いほど、いい伝説ということができます。なぜなら、伝説は、文字によって記録を残すことのなかった、かつての人々にとっての「歴史」だからです。だから、事実関係が、詳しければ詳しいほど、すぐれた伝説というわけです。

もちろん、伝説は、ほとんどの場合、それが本当にあった話なのかを確認することは困難です。その意味で、歴史学的な事実ではないかもしれません。しかし、それを語り伝えてきた人々にとっては、紛れもない歴史的事実といっていいかと思います。近代的な歴史学と、それにもとづいた学校教育が始まる以前には、ほとんどの人々にとっては、伝説以外の歴史はなかったからです。言いかえれば、かつての歴史が、近代になって、その地位を歴史学的な歴史に譲り渡して、一段、劣った歴史として、つまり、伝説に転落してしまったということなんですね。

だからといって、伝説が、歴史を研究するうえで、まったく役に立たないというわけではありません。それは、伝説とされていた出来事が、後になって、実際に起きた事件であったことが歴史学的に証明されるという場合だけではありません。かつての人々が、過去をどのように思い描いていたのか、人々の歴史意識がどのようなものであったのかを知るという意味でも、伝説は格好の素材ということができると思います。

一般的に、伝説とされる話は、珍しい出来事や悲惨な事件を語るものが多いです。特に、災害や戦い、殺人事件など、悲しい出来事が語られている場合が多いように思います。その理由は、人々にとって、衝撃的な出来事であり、忘れることができない事件だったからでしょう。伝説は、言ってみれば、人々にとって繰り返し語るに足る話であり、語らずにはいられない話ということです。その意味で、伝説は、それが語られる家や村など特定の範囲に生きる人々にとっての集団的な記憶であり、トラウマ（心的外傷）としての側面もあるということができます。

伝説が、しばしば非業の死を遂げた死者を祀《まつ》った祠堂《しどう》など祭祀《さいし》施設と結びつき、死者を鎮魂する祭りの由来譚《たん》となっている場合が多いのも、このためと考えられます。

神話は、真実を語る聖なる物語

神話についても、簡単に説明しておきたいと思います。

神話と言えば、ギリシャ神話や日本神話など、古代の文献に記録された神話を思い浮かべますね。このような文献に記録された神話だけではなく、文字を持たなかった多くの社会において口伝えで伝えられてきた神話もあります。神話の特徴は、神々が登場して、世界の成り立ちや人類の起源、生や死の始まりなど、いつの時代、どんな社会であれ、必ず問われてきた、人間にとってもっとも根源的な問いに対する答えを提供する物語ということができます。しかし、その内容は、荒唐無稽《こうとうむけい》で、現在の常識ではとても信じられないような内容になっています。あり得ないような話という意味では、神話は、昔話と性格的によく似ています。しかし、昔話とは違って、神話を語り伝えてきた社会の人々にとっては、神話は紛れもない「真実の話」とされているのです。これを語り伝えてきた社会の人々にとって、実際に過去に起きたことと信じられているという点では、伝説と近い性格をもっているということができます。

では、神話ならではの特徴とは何でしょうか？　それは、神話を語り伝えてきた社会の人々にとっては、疑ってはならない「聖なる物語」であるという点です。

世界の成り立ちや人間の生死の始まりなど、根源的な問いを前にしたとき、人々は動揺し、大きな不安に陥ります。神話がそういった問いに対する答えを与えることで、人々が抱く不安を取り除き、それによって社会に安定をもたらしてきたのです。そのためには、神話は真実とされ、疑うことの許されない聖なる物語とされなければならなかったのです。

ですので、神話が生きている間は、真実の話であり、神話としてその姿を現すことはありません。神話がその信憑性を失ったときに、それは神話であったということになるわけです。たとえば、「安全神話」といった言葉がそうですね。安全だと思っていたのに、そうではなかったということが明らかになったとき、それが「神話だった」と気づくというわけです。

この場合の神話は、ウソや虚構といったニュアンスがあります。その意味では、真実を語る物語としての神話とは、まったく正反対の意味になっています。神話の内側にいるものにとっては、それは神話ではなく真実であり、外から眺めている者にとっての神話は、虚構という意味での神話であるという、なんとも皮肉な性格をもっているのが神話なのです。

もちろん、「安全神話」という場合の「神話」は、あくまで比喩的《ひゆてき》に用いた表現ですが、しかし、ある意味では、神話という物語の本質をうまく突いている表現であるということができます。

この本では、神話、伝説、昔話のうち、昔話を取り上げて、検討していくことになります。

昔話の中心テーマ

昔話研究の大家である関敬吾《せきけいご》（一八九九—一九九〇年）は、その人生を昔話の研究に費やした人物です。彼のおかげで、日本にはどんな昔話が伝えられているのか、ほぼその全貌が明らかになっています。その成果は、『日本昔話大成』などの何巻にも及ぶ書籍として結実しています。

その彼が、昔話とは、結局、何を伝えようとして語り継がれてきたものなのかについて、次のような言葉を残しています。

昔話とは「現実生活に立脚するもの」であり、「昔話の中心的なテーマは、広い意味での幸福の獲得であり、困難を克服することによって、幸福へ到達することを語るもの」（関敬吾「民話Ⅱ」『関敬吾著作集5』同朋社出版）である、こういうふうに述べているんですね。何十年も昔話を研究してきた人が語っているだけに、非常に含蓄のある言葉であると、私は常々思っています。

昔話の内容というのは、現実では起こりえないようなあり得ない話ばかりです。しかし、彼によれば、現実生活に立脚して、昔話が生まれてくるというんですね。これは、人々の実際の生活経験が凝縮したかたちで表現されているのが、昔話であるということです。どれほど荒唐無稽で、あり得ないような内容であっても、昔話の中で登場人物たちがドラマを繰り広げる舞台、主人公が置かれた条件や手に入れたいと願う望みなどは、現実の生活経験を背景にしてみれば、あり得ることを表現しているということなんですね。ある意味、語り手であり、聞き手である人々が自らと重ね合わせて理解できるような等身大の人物が登場しているということになります。

そして、これが大事なポイントですが、昔話の中心的なテーマは、広い意味における幸福の獲得であるという点です。昔話の主人公は、困難な状況から出発し、その後も、じつにさまざまな困難にぶち当たります。しかし、これらの困難をなんとか乗り越えて最後には幸福に到達するという話が多いんですね。

人間は生きていく過程において、多くの困難にぶち当たります。そして、そうした困難な状況から、なかなか脱却できずに、苦しい生活を強いられることもしばしばです。多くの人々にとって、これが現実でしょう。「現実は厳しい」とよく言われますが、その通りだと思います。

しかし、昔話の世界では、困難な状況にある主人公が、困難を克服して、最終的には幸福に到達することを、長い間、繰り返し語ってきたというんですね。これはどういうことでしょうか？

現実の生活に立脚して語り出された昔話にとって、人生が厳しいという認識は、すでに織り込み済みのことだと思います。だからこそ、困難にぶち当たったからといって、人生をあきらめてはいけない、生きていれば、最後には必ず幸せになるということを、前の世代から次の世代に、祈るような気持ちで語ってきたのではないかと思います。昔話には、前の世代から次の世代へ、その幸せを願う、思いやりの気持ちが込められているというふうに、私は考えています。

そして、人間にとって、何が幸福なのか、どのようにすれば幸福になるのかについても、主人公の行動を通じて、わかりやすく示してきたのです。その意味で、幸福を獲得するための具体的な方法を提示しているともいえます。柳田國男は、これを「幸運の法則」と呼んだのです。

では、どのような人物が主人公として登場し、最終的に幸運をつかむのでしょうか？
次章では、この点について、見ていきたいと思います。

第二章　どんな人物が主人公になるのか？

なぜ、「お爺さんとお婆さん」なのか

「むかしむかしあるところに、お爺《じい》さんとお婆《ばあ》さんが住んでいました。」

これは、昔話の冒頭に、しばしば描かれる始まりの場面ですね。私たちがよく知っている昔話、たとえば、「桃太郎」も「一寸法師」も、「かぐや姫」も「花咲爺《はなさかじい》」も、例を挙げれば、きりがないですが、ほとんどがお爺さんとお婆さんが物語の最初に出てきます。子どもの頃に、昔話の世界は、どうしていつもお爺さんとお婆さんだけが暮らしているのだろう、と不思議に思った人は多いと思います。

昔話の多くが、お爺さんとお婆さんの二人暮らしを描いている理由として、昔話が語り出された背景に、現代社会と同様に、かつて高齢者が増えた時代があって、実際に、お爺さんとお婆さんの二人暮らしが多かった時代があったのではないか。そういうふう

に考える人もいるかもしれません。そうかもしれませんが、本当のところはわからないというのが正直なところです。しかし、後で説明するように、何らかの社会的な影響が昔話に反映していると考えることはできます。

では、次のような、物語の始まりを考えてみたら、どうでしょうか？

「むかしむかしあるところに、お爺さんとお婆さんがたくさんの子や孫に囲まれて、たいへんにぎやかに楽しく暮らしていました。」

いかがですか？　こんな昔話の始まりは、聞いたことがないかと思います。始まりというより、むしろこれは物語の結末の場面といってよいと思います。

昔話の基本構造

先に挙げた例が示す通り、昔話は、満ち足りた「充足」状態が結末になり、逆に、何かが足りない「欠如」状態が物語の始まりに来るようになっています。ですので、昔話に描かれた「欠如」状態を見れば、どういう状態が「不幸」と考えられていたのか、また「充足」状態を見れば、どういう状態が「幸福」と考えられていたのかが、よくわかるのです。

しかし、必ずしも、すべての昔話が、「充足」状態で終わるわけではありません。主人公が約束を守らなかったり、驕《おご》り高ぶったりした結果、元の「欠如」状態に戻って終わるという結末も多いのです。「欠如」から始まって、「充足」状態で終わるタイプの話を、「上昇型」の構造として捉えることができるとすれば、元の「欠如」状態に戻って終わるタイプの話は、「循環型」の構造として捉えることができると思います。昔話の構造を思い切り単純化してみれば、このように捉えることができるかと思います。

ところで、ここで一つ注意しておきたいことがあります。それは、お爺さんとお婆さんだけの二人暮らしの状態が、本質的に、何かが欠けた不十分な状態であると言いたいわけではないということです。お爺さんとお婆さんの二人だけの暮らしでも、とても幸せで充実した生活を送っている場合も多いと思います。むしろ、お爺さんとお婆さんの二人暮らしは、よく見られる当たり前の状態であって、そこに何か不足を見たり、逆に、幸福を読み取ったりすること自体、思いつかないぐらい、ごくふつうのことであるかもしれません。

お爺さんとお婆さんの二人暮らしが、実際はどうなのかという問題とは別にして、ここで重要なのは、昔話の世界においては、お爺さんとお婆さんだけの二人暮らしは、何か物足りない状態だと考えられているらしいということなんです。

すでに述べたようにこのような昔話が語られ出した背景に、現代社会と同様に、高齢者が増加したという社会状況があったかどうかはわかりません。しかし、高齢者だけの暮らしに対して、これを良しとはしない考え方が、社会的に共有されていたと考えることは可能でしょう。

いずれにしても、お爺さんとお婆さんが登場すると、聞き手は、このままでは良くない、きっと何か変化が起きるはずだ、そういうふうに思うわけです。

では、何が物足りないと考えられているのでしょうか？　それは、子どもです。子どものいないお爺さんとお婆さんのもとに、子どもがやって来ることになります。

不思議な誕生

昔話のなかに登場するお爺さんとお婆さんには、たいてい子どもがいません。子ども

上昇型
『桃太郎』
日本一
老夫婦
仲間が増えた
鬼退治
金銀財宝
循環型
①『竜宮童子〈はなたれ小僧〉』
家が繁栄
子どもを顧みず
元の貧乏な家に…
裕福な家
②『姥皮』
長者の息子に姿を見られる
継母に追い出される
元の裕福な家に…

のいない老夫婦に、あるとき降ってわいたように子どもが与えられます。「桃太郎」の場合には、川に洗濯に行ったお婆さんが、川上から流れてきた桃を拾って帰ると、桃の中から桃太郎が生まれます。別のタイプの話では、桃を食べた老夫婦が若返って、子どもが生まれたというものもあるようです。いずれにしても、これはまったく奇跡というほかないでしょう。このような不思議な誕生によって登場する主人公は、しばしば「神の申し子」と呼ばれています。言いかえれば、神から与えられた「贈り物」ということです。

柳田國男《やなぎたくにお》は、昔話のなかで幸運をつかむ人物像として、二つのタイプを指摘しています。一つは、「生まれつき備わった福分をもつ者」で、もう一つは「心がけがよくて神に愛せられている者」です（柳田國男「桃太郎の誕生」『柳田國男全集10』ちくま文庫）。

一つ目の「生まれつき備わった福分をもつ者」とは、不思議な誕生をする主人公がそうです。その誕生の仕方からもわかるように、特別な人物です。ですので、こうした人物が類まれな英雄的な活躍をすることも、大いに理解できるといえます。「神の申し子」と呼ばれる所以です。

一方、「心がけがよくて神に愛せられている者」というのは、たいへんわかりやすいかと思います。ある意味、「心がけ」は本人次第で誰もがやろうと思えばできることですので、誰もがお手本にできる人物像ということができます。「笠地蔵《かさじぞう》」や「花咲爺」のお爺さんように、親切で心やさしい人物が思い浮かびます。

桃から生まれた桃太郎は、この二つのタイプでいえば、「生まれつき備わった福分をもつ者」に相当するといえます。生まれつき幸せになることが運命づけられている人物ということになります。

しかし、「生まれつき備わった福分」という説明は、「幸せになることになっているから、幸せになる」と言っているようなものです。そうとしかいいようがないのかもしれませんが、それでは説明になっているとはいえないでしょう。不思議な誕生をする主人公には、生まれつき備わった福分だけでなく、それとは別にもう一つ、幸せになるべき理由があるように思います。

望まれた子ども

桃から桃太郎が誕生したことは、老夫婦にとっては、まったく奇跡的な出来事です。

しかし、だからといって、まったく思いがけない出来事とはいえないようなのです。というのは、老夫婦は長い間ずっと、子どもを授かることを祈っていたのではないかと思われるからです。

主人公が不思議な誕生をする昔話として、「田螺《たにし》長者」と呼ばれる話があります。この話の場合は、子どものいない老夫婦が観音様に祈ると、老婆に子どもが生まれるのですが、それが人間ではなく田螺であったという話です。それでも観音様から授かった子だということで、老夫婦は田螺を息子としてとても大切に育てることにします。田螺はその才覚で長者の娘と結婚し、本来の人間の姿に戻って、ハッピーエンドで終わります。「桃太郎」の場合は、老夫婦が子どもを授かるように神仏に祈る場面はないようですが、おそらく、ずっと子どもが授かることを望んでいたことは間違いないでしょう。それは、子どもを手に入れた老夫婦が心から喜んで大切に育てていることからもわかります。

これらの話からわかることは、不思議な誕生をして生まれてきた主人公は、心から望まれて生まれてきているということです。そして、もう一つ重要な点は、生まれてきた子どもたちは、老夫婦に受け入れられることをまるで当然のことのように、自然に老夫婦の懐に入っていくことです。親は子どもを望み、子どもも親のもとにやって来ることを望んでいるのです。望み望まれる関係にあるということがいえます。

ここから、なぜ昔話の世界では、子どものいない老夫婦が、しばしば登場するのか、その理由がわかってきます。物語のなかで、子どもが登場するためには、子どもが「欠如」している状態を描く必要があるからです。これによって、子どもの誕生は「欠如の解消」すなわち「充足」を意味することになります。また、なぜ老夫婦なのかもわかってきます。なぜなら、子どもを授かることを、長く待ち望んでいたことを示すことができるからなのです。これは言い換えれば、「可能性の欠如」ということができるかと思います。若い夫婦であれば、子どものいない状態は、欠如かもしれませんが、子どもを授かる可能性においては、欠如とはいえません。その意味では、充分な意味での欠如とはいえないからです。しかし、老夫婦の場合は、可能性においても、限りなく欠如の状態にあることが示されているのです。現状において欠如であるばかりでなく、可能性においても欠如の状態にあってはじめて、子どもを授かることが「奇跡」として捉えられることになるのです。まさしく、神からの贈り物というわけです。

家族との葛藤

このような、親に心から望まれ、自らも望んで生まれてきた子どもが、主人公として登場し、最終的に幸福になることは、理解されやすいことのような気がします。もちろん、このような主人公が最終的に幸福になるには、いくつもの転機をチャンスに変えて、難関を乗り越えていかなくてはなりません。

考えてみれば、親と子の間の望み望まれる関係は、たいへん恵まれているといえます。望んでいても、なかなか子どもが授からないという夫婦は現実に数多くいます。たとえ、望まれて生まれてきたとしても、親と子の恵まれた関係が必ずしもずっと続くというわけではありません。途中で関係が悪化する場合もあるでしょう。あるいは親と死に別れ、また別の新しい親が登場することで、大きな変化が生じる場合があります。

昔話がしばしば描いてきた話には、ある家で母親が亡くなり、新しく継母《ままはは》がやって来たために、元いた娘が虐げられたり家を追い出されるという継子譚《ままこたん》が数多くあります。たとえば、このような継子譚には、「米福粟福《こめぶくあわぶく》」や「姥皮《うばかわ》」などの昔話が知られています。これらの継子譚は、日本版のシンデレラ物語というべき話で、主人公が継母との葛藤に苦しみながらも紆余曲折《うよきょくせつ》を経て、幸せな結婚という結末で終わります。その意味では、幸運をつかむ人物であるといえます。しかし、その物語の出発点においては、主人公はとても不幸な状態に置かれているのです。

継子譚だけではありません。昔話には、親と子の間の葛藤だけではなく、夫婦間の葛藤、兄弟・姉妹間の葛藤もしばしば描かれています。昔話の世界では、誰もが幸せな家族生活を送っているわけではないのです。むしろ、親子、夫婦、兄弟・姉妹など、家族との関係に問題を抱えて苦しんでいる状態を描いているのが、昔話の世界ということができます。そして、このような家族関係がもたらす不幸によって苦しんでいる主人公もまた最終的に幸せになることを昔話は描いているのです。

つまり、不思議な誕生をする主人公ばかりでなく、こうした不幸な境遇にある主人公もまた最終的に幸せになることを、昔話は語っているのです。昔話は特別な人だけが幸せになるということを語っているわけではないのです。このことは、とても重要なことだと私は考えています。

というのも、現実生活においても、もっとも人間関係がややこしくなるのは、家族だからです。他人であれば、付き合いをやめるということもできるかもしれません。しかし、家族として同じ家に暮らしているかぎりは、どうしても付き合いを避けることはできません。もちろん、家族は愛情と助け合いを基調とする人間関係の集まりです。しかし、だからこそ、かえって一筋縄ではいかない複雑な側面もあるということなのです。

昔話は、家族関係が抱えている葛藤を、じつにストレートに描いてきたといえます。おそらく、家族間の葛藤が、人々にとって、世代を超えて、もっとも思い浮かべやすい、いつ生じたとしてもおかしくない、典型的な不幸な状態であったからでしょう。それゆえ、こうした葛藤によって、不幸な状態に陥った主人公が、どうすれば幸せになれるのか、その方法を考えることは、切実な問題であったと思います。そのことが継子譚をはじめ、数多くの家族の葛藤をめぐる昔話が語られてきた理由だと考えられます。

主人公の孤立性

不思議な誕生をして老夫婦から愛されて育てられる主人公が描かれる一方で、継母に疎まれる不遇な主人公がいることがわかりました。両者はまったく正反対の境遇にある主人公ということができます。しかし、両者には注目すべき共通点があるのです。

口承文芸学者のマックス・リュティ（一九〇九―九一年）は、昔話の主人公は「孤立者」として語られるという点を指摘しています（マックス・リュティ『昔話　その美学と人間像』岩波書店）。

たとえば、主人公はひとりっ子であることが多く、明瞭な特徴があって、動物の姿をして生まれてきたり、みすぼらしい姿であったり、肢体が不自由であったりします。ひとりっ子でない場合には、末っ子や継子であったりします。これらの主人公は、家族のなかでも、社会のなかでも「外縁」に位置している存在です。その意味で、これらの主人公は、すでに孤立的な立場にいるか、あるいは孤立しやすい立場いるということができます。これは別の言い方をすれば、主人公は、その属している集団や人間関係から、「切り離されている」ということです。切り離されているということは、これを積極的に捉えれば、現在の位置から別の位置へと容易に移っていくことができるということです。社会の隅っこから、中心へと立場を上昇させたり、まったく正反対の位置に移ったりすることが、非常に容易だということです。しかし、この主人公の孤立性は、「孤独」とは異なります。というのも、主人公は既存の人間関係から切り離されることによって、新たにさまざまな存在と関係をとり結ぶことができる能力を獲得しているからです。またこうした主人公の孤立性をよく表現しているのが、主人公が家を出て旅に出るという場面です。不思議な誕生をする恵まれた主人公も、継母に疎まれた継子も、しばしば家を出て旅に出ています。必ずと言ってよいほど、これらの主人公は旅に出るのです。主人公の孤立性と旅に出るという場面とは深い関係があるのです。

主人公にとっての旅とは、新しい存在と出会い、新たな関係を結んでいく旅なのです。人生はしばしば旅にたとえられますが、まさしく主人公にとっての旅は人生そのものということができます。

旅する主人公

では子どもの誕生によって、「充足」状態に至ったにもかかわらず、なぜ物語は収束しないのでしょう。すでに指摘したように、望み望まれる関係にあるわけですから、なぜ主人公は旅に出る必要があるのか。きっと、こういう疑問が生じると思います。

ここで考えなければならないのは、子どもの誕生によって生じる「充足」状態は、誰にとっての「充足」状態なのかという点です。それは、老夫婦にとっての「充足」状態です。老夫婦にとって、子どもの誕生は、「欠如」状態を補う出来事ということです。しかし、子どもにとっては、誕生すること自体は「充足」ではありません。むしろ、「欠如」状態の始まりということができます。なぜなら、子どもから大人への「成長」のプロセスが待っているからです。子どもとは、大人である状態から「欠如」している状態と考えられているので物語は収束しないのです。

ですので、子どもが誕生した時点で、老夫婦は、子どもに主役の座を譲り渡すことになります。しかし、老夫婦が完全に物語から姿を消すわけではありません。なぜなら、子どもの成長を「援助」する「子育て」の役目があるからです。

しかし、この役目は、脇役に過ぎません。あくまで主役は子どものほうですので、子ども自身が、成長のプロセスを歩んでいかなければならないのです。子どもの誕生は、子どもを主人公とする新たな物語の始まりなのです。そして、この成長のプロセスが、旅として表現されることになります。

では、なぜ成長のプロセスは、旅として表現されるのでしょうか？

通過儀礼としての昔話

子どもの成長のプロセスとは、子どもの段階から大人の段階へと、その社会的な立場が「移行」するプロセスと捉えることができます。人間はその誕生から死に至るまで、一生の間に、いくつも社会的な立場を移行していくことになります。多くの社会では、そうした人生の節目ごとに、さまざまな儀礼を執り行ってきました。誕生祝い、成年式、結婚式、還暦祝い、葬式などが、これに相当します。人生儀礼と呼ばれているものです。

フランスで活躍した民俗学者ヴァン・ジュネップ（ファン・ヘネップ）（一八七三―一九五七年）は、さまざまな儀礼に共通して見出される特徴として、「分離・過渡・統合」という三つの段階を指摘しています（ファン・ヘネップ『通過儀礼』岩波文庫）。

儀礼のプロセスは、日常の状態を離脱して（分離）、非日常の状態へ移行し（過渡）、最終的には日常の状態に戻る（統合）という構造をもっているのです。日常と日常の間に挟まれた非日常の状態が、過渡期を表しており、どっちつかずの移行の状態を示しています。ヴァン・ジュネップは、このような「移行」を成し遂げる儀礼を「通過儀礼」と呼んでいます。

人生の段階から次の段階へと移行する場合も、これと同様にどっちつかずの状態ということができます。この不安定な状態に、けじめをつけて、人生の新たな段階に入ったことを、儀礼の当事者自身に自覚させ、家族や親族など周囲の人々にも社会的に承認させるというのが、人生儀礼の重要な機能ということができます。このような性格をもっているために、人生儀礼には「分離・過渡・統合」といった通過儀礼の特徴がよく現れているといえます。

特に、成年式のように、子どもから大人への移行を成し遂げる儀礼がこれに当てはまります。これは、ある年齢集団から、次の段階の年齢集団へ加入するための儀礼ということができます。「加入する」という意味から、「イニシエーション（initiation）」の儀礼とも呼ばれることがあります。多くの社会において、イニシエーション儀礼には、一定の期間にわたる、身体的、精神的な苦痛が伴うことが知られています。たとえばかつての日本では「元服」という儀式がありました。地域によって肝試しや度胸試しなどが課されていました。こうした「試練」を克服することによって、子どもから大人への移行が成し遂げられるのです。

関敬吾《せきけいご》は、ヴァン・ジュネップのアイデアを参考しながら、昔話は、人間の人生の節目に行われる通過儀礼の慣習を反映しているのではないかとし、「通過儀礼としての昔話」という視点を提示しています（関敬吾「日本昔話の社会性に関する研究」『関敬吾著作集1』同朋舎出版）。この視点は、たいへん興味深いと思います。確かに、子どもから大人への移行のプロセスを描いていると捉えることができる昔話が数多く見受けられるからです。それがよく示されているのが、主人公が試練を克服し、最終的に結婚をもって物語が結末を迎える点です。

主人公が旅に出る理由は、子どもから大人への社会的な立場の移行を、元いた場所から別の場所へと、空間的な移動というかたちで、わかりやすく表現するためだということになります。そしてこの空間的な移動のプロセスが、旅として表現されているのです。

子どもから大人への移行という、人間という生物が不可避的に抱えている困難な試練をどのようにして乗り越えていくかは、人間の歴史が始まって以来の共通の課題だったと思います。だからこそ、この困難な試練を乗り越える方法について、長い歴史を通じて、物語ってきたのでしょう。昔話が、旅する主人公を繰り返し描いているのは、そのためだと考えられます。

では、これらの主人公にとっての旅とは、どのようなものなのでしょうか？　その道中にはどのような出会いがあり、どのような転機があって、主人公は幸運をつかむことになるのでしょうか？　この点について明らかにするための方法について、簡単に説明しておきたいと思います。

構造分析の手法

アメリカの民俗学者アラン・ダンダス（一九三四―二〇〇五年）は、北アメリカの先住民の民話を分析した研究で、「欠如」と「欠如の解消」という基本的な二つのモチーフ素の連鎖として物語の展開を把握しています（なお訳書では「欠乏」となっていますが、ここでは「欠如」としておきます）。この点は、すでに見たように、日本の昔話にも基本的に当てはまります。これに加えて、ダンダスは、「課題」と「課題の達成」、「禁止」とその「違反」、「欺瞞《ぎまん》」とその「成功」というペアとなる三対のモチーフ素が組み合わさったりしながら物語が構成されることを指摘しています（アラン・ダンダス『民話の構造』大修館書店）。

ここでいう「モチーフ素」とは、登場人物の具体的な行動を表す「モチーフ」に対して、それを抽象的なレベルと捉えたものといえます。たとえば、「主人公が部屋を覗《のぞ》くなと言われる」というような具体的場面が「モチーフ」であり、このモチーフが表現している出来事を「禁止」という概念で抽象化して整理したものが、「モチーフ素」というわけです。

興味深いのは、「欠如」を解消するために、よく使われる手段として、「欺瞞」がありますます。これはわかりやすくいえば、「詐欺」ということです。アメリカ先住民の民話では、欺く人物がよく使う手段が「変装」です。特に、子どもに変装し、騙《だま》すことが知られています。このような欺瞞行為を行う人物を「トリックスター」と呼びます。トリックスターは、人を騙して利益を得ますので、「いたずら者」や「ペテン師」といった意味合いを持っていますが、一方で、思いがけないやり方で、人々に利益をもたらすこともあります。その点で、「英雄」としてのイメージも持っているのです。「詐欺」や「トリックスター」については、後述するように、日本の昔話にも、しばしば見られます。

ここではダンダスが明らかにした、物語の展開の流れにしたがって、その構造を把握する構造分析の手法（形態論的構造分析と呼ぶこともあります）を参考にして、以下、私なりにアレンジしながら分析を進めていこうと思います。「分析」とはいっても、一分析のための分析」ではなくて、主人公がどのように幸運をつかむのかという点に焦点を当てての分析を試みます。

昔話「桃太郎」の構造

ここでは、不思議な誕生をする主人公が登場する昔話の代表として、私たちがよく知っている「桃太郎」を取り上げて、その継起的な構造をごく簡単に整理してみましょう。（1）お爺さんとお婆さんが住んでいる。（2）川で拾った桃の中から男の子が生まれる。（3）お婆さんからきび団子をもらって鬼ヶ島にいる鬼を退治に出かける。（4）犬、猿、キジに、きび団子を与えてお供にする。（5）鬼を退治する。（6）財宝を家に持ち帰る。

冒頭の（1）の場面、子どものいないお爺さんとお婆さんが住んでいる状態は、「欠如①」の発生と整理できます。（2）の子どもの誕生は「欠如①」の解消と整理できます。同時に、子どもに主役が代わり、成長のプロセスが始まります。子どもは大人の状態からの欠如と言いかえられますので、これを「欠如②」と整理します。（3）鬼の存在が示されますので、「欠如③」と整理できます。鬼の存在を示しているだけで、なぜ「欠如」なのか、鬼は何も悪いことをしていないのではないかと思われるかもしれません。そういう疑問を解消するように、鬼が村人に悪さをして困っているというエピソードが加わっている話もあります。ここでは、鬼は退治されるべきマイナスの存在であるという前提で物語は展開していると考えておきます。（4）は犬、猿、キジという仲間をつくっています。仲間づくりは人間の成長にとって重要な要素ですので、「欠如②」の解消と整理してみましょう。（5）は鬼を退治していますので、「欠如③」の解消となります。（6）は財宝を家に持ち帰っていますので、「充足」としておきましょう。

この物語は、財宝を家に持ち帰ることで終わっていますので、全体としてハッピーエンドの物語ということができます。物語が最終的に幸福な結末を描いているのは、それまでのプロセスの収支が全体としてプラスであったからだと考えられます。

そこで、（1）～（5）を見てみると、三つの欠如がすべて解消していますので、（5）の段階では、収支は「ゼロ」になっています。にもかかわらず、（5）で物語は収束せずに、最終的には（6）の財宝を持ち帰るというプラスで終わっているのです。（1）から（5）までの間に、収支をプラスにする部分があるはずです。

ここで「可能性の欠如」という考え方を、もう一度、取り上げてみましょう。三つの「欠如」のうち、「欠如①」は、子どものない老夫婦ですので、現状ばかりでなく、可能性としても子どもは「欠如」しています。しかし、「欠如②」の子どもを大人の状態からの「欠如」は、現状では「欠如」に違いありませんが、可能性として十分にあり得ることです。これを「可能性の欠如」に対して、とりあえず「可能性の充足」と呼んでおきたいと思います。この「充足」状態を見えるかたちで実現するプロセスとして物語が展開することになります。

では、「可能性の充足」は、何をもって示せばいいのでしょうか。つまり、何をすれば、子どもから大人への移行を示すことができるのかということです。それは、（3）の鬼ヶ島に鬼退治に出かける部分です。これは「試練（課題）」と捉えることができます。鬼退治は、子どもから大人への移行を成し遂げるためのイニシエーション儀礼に相当するということができます。つまり、「欠如②」を表現し直したのが、「試練（課題）」ということができます。すると、（5）の鬼を退治する部分は、「試練（課題）の達成」であり、同時に「欠如②」の解消を示していることになります。

このような観点から考えると、（4）の犬、猿、キジとの出会いの箇所が、重要な意味を持っていることがわかります。この箇所が、物語の全体の収支をプラスにする縁の下の力持ちのような役割を担っているからです。

つまり、犬、猿、キジという仲間づくりに成功したことが、幸福な結果を導いているということができると思います。「桃太郎」の中心的なテーマは、「仲間づくりをすることで幸福になる」と整理することができるかと思います。

これは鬼退治が、犬、猿、キジという仲間の協力によって実現していることにもよく示されています。仲間がなければ、鬼退治は成し遂げられなかったということです。

では、桃太郎は仲間づくりに、どのようにして成功したのでしょうか？　この点が、幸運をつかむヒントになるかと思います。

きび団子の贈与

桃太郎が鬼退治に向かう途中で、犬、猿、キジがきび団子をくれるように頼むと、きび団子をあげるかわりに、犬、猿、キジが、鬼退治に協力することになります。ここに見られるのは、きび団子の「贈与」という行為です。

フランスの社会学者・民族学者のマルセル・モース（一八七二―一九五〇年）は、古代社会やかつて未開とされた社会など、さまざまな社会において贈与の慣行があることに注目して、これに三つの義務があることを指摘しています。すなわち、贈る義務、受け取る義務、お返しする義務です（マルセル・モース『贈与論』ちくま学芸文庫）。

これは私たちの身近でも頻繁に見られることかと思います。たとえば、はじめて誰かの家を訪問するときに、何か手土産をもっていくことは、よくあることです。これには、これからから人間関係を築きたいという意味合いがあります。これに対して、相手からお土産を拒否されたらどうでしょう。この相手とはお付き合いをするのは難しそうだと思うでしょう。もし、守備よく受け取ってもらえれば、お付き合いが始まることになりますが、毎回、自分ばかりが、お土産を渡して、相手からは何もお返しがないということが続くとどうでしょうか。こうした付き合いは、一方的に負担が大きくて続けられないということになるかと思います。ですので、付き合いが続くためには、必ずお返しが必要となるわけです。

モースは、この贈与の義務によって、人間関係が築かれ、社会的な紐帯《ちゅうたい》が生み出されると考えていました。つまり、お互いに贈り物をやり取りすることによって、社会は成り立っているということです。

しかし、贈り物には、人間関係を築いていくうえで悪い面もあります。こちらの要求を聞いてもらうために、贈り物をして圧力をかける場合は、賄賂になってしまいますし、無理やりに贈り物を要求すれば、それは恐喝になってしまうでしょう。贈り物には、こうした不均衡な人間関係を生み出してしまう、負の側面もあるのです。特に、モースが注目したのは、競い合うようにして高価な贈り物をやり取りする「ポトラッチ」と呼ばれる現象です。自分の立場を誇示し、名誉を得るために、相手に高価な贈り物をするという現象です。高価な贈り物を受け取った相手は、そのままでは自分の面子《メンツ》が傷つけられることになってしまいます。そうならないように、より高価な贈り物を相手にお返ししようとします。これを受け取った相手は、そのままでは自分の面子が立ちませんので、ますます高価な品物を贈り返すことになります。こうして贈り物のやり取りがエスカレートしていくことになります。ついには、自分の気前よさを相手に見せつけるために、宝物を破壊するに至ります。これが「ポトラッチ」の凄まじいところです。

贈り物には、贈与者の面子を立て、名誉を獲得し、自尊心を満足させる側面もあれば、その結果として、受け手の面子を傷つけてしまう負の側面もあるということなのです。

これらの負の側面を排除しながら、贈り物をしなければ、良好な人間関係を築くことはできません。贈り物といっても、相当な配慮が必要ということです。

きび団子の法則

桃太郎は、きび団子を与えることで、犬、猿、キジを仲間にしています。話によっては、きび団子を一つあげるものもあれば、一つのきび団子を半分にして分け与えているものもあります。

きび団子は小さなものですし、数も何個か余裕があったのでしょう。これは与える桃太郎にとっても負担が少ない贈り物ですし、もらう側の犬、猿、キジにとっても、もらっても面子が潰されるような負担のある贈り物ではありません。きび団子には、与える側も受け取る側も、負担が少なく、そのうえ分けて一緒に食べられるという特徴があるのです。これは、見ず知らずの者が、負担にならないかたちで、それこそ「お近づきのしるし」として、やり取りするには、たいへん相応《ふさわ》しい贈り物ということができます。

関西では、電車でたまたま隣に座った、おばちゃんがカバンから飴玉《あめだま》（関西では、「アメちゃん」と呼びます）を出して、「これ食べへん？」と言って、くれることがあります。駅の待合室やバス停のベンチなどでも見られる光景かもしれません。小さな負担の少ない贈り物ですので、なかなか遠慮することができず、つい受け取ってしまうのです。

おばちゃんが何か見返りを求めているわけでないことは明らかです。飴玉をきっかけに、一緒に食べながら、つかの間の世間話を楽しむぐらいでしょう。しかし、これによって、一時的ではありますが、良好な人間関係が生まれたことは確かでしょう。そこからさらに人間関係が発展したりする場合もあるかもしれません。桃太郎のきび団子は、関西のおばちゃんのアメちゃんに、よく似ていると思うのです。

これをここでは、「きび団子の法則」と呼んでおきたいと思います。言いかえれば、「互いに負担のない分かち合える贈り物」ということです。そこから新しい人間関係が始まるのです。

援助者の秘密

桃太郎の場合には、きび団子を与えることによって、仲間をつくり、鬼退治を成し遂げていました。きび団子を持っていたことが、桃太郎を成功に導いているということです。では、なぜ桃太郎はきび団子をもっていたのでしょうか？　それはお婆さんが、鬼退治に出かける桃太郎にきび団子を与えたからです。

お婆さんから与えてもらったきび団子を、桃太郎は犬、猿、キジに与えることによって、鬼退治に協力する仲間をつくることになります。これらの仲間は、援助者と呼んでよいかと思います。しかし、きび団子と引き換えに仲間になったことを考えれば、きび団子が変化したと捉えることもできます。その意味では、きび団子は「呪宝《じゅほう》」と見なしてもいいでしょう。「呪宝」とは、魔法の贈り物のことです。そして、この魔法の贈り物を桃太郎に与えたのが、お婆さんなのです。川上から桃が流れてきたときに、桃を拾い上げたもの、お婆さんでした。お婆さんこそが、真の援助者ではないかと思われます。

桃太郎のお婆さんには、子どもを育てる「母親」のイメージだけでなく、魔法の贈り物を与える不思議な存在としてのイメージもつきまとっています。

昔話では、不思議な援助者の存在が、主人公を幸福に導くにあたり、とても重要な役割を果たしています。援助者は「幸運の法則」を解き明かす秘密を握っているように思われるのです。この点に留意しながら、次章の検討に移りたいと思います。

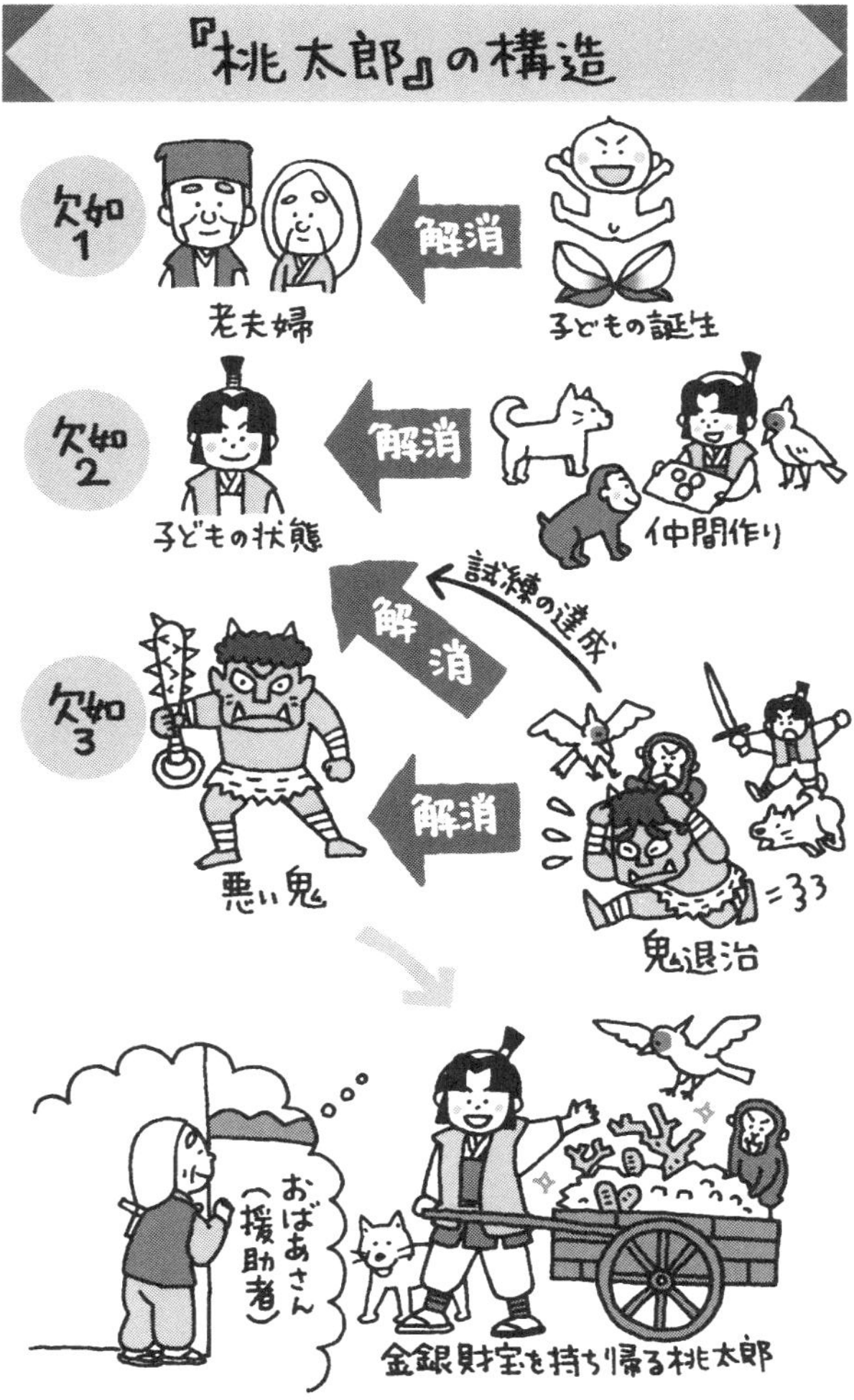
『桃太郎』の構造
欠如1
老夫婦
解消
子どもの誕生
欠如2
子どもの状態
解消
仲間作り
試練の達成
解消
欠如3
悪い鬼
解消
鬼退治
おばあさん（援助者）
金銀財宝を持ち帰る桃太郎

第三章　どんな人物が理想的な結婚相手とめぐり合うのか?

幸福の二つのかたち

関敬吾《せきけいご》は、日本の昔話の特徴として、「厳密な意味における昔話（笑話・動物譚《たん》を除く）は、昔話を一個の全体としてみるときは、婚姻を主題とした昔話と、富の獲得を内容とした昔話の二つの群に大別される」と指摘しています（関敬吾「民話Ⅱ」『関敬吾著作集5』同朋舎出版）。つまり、結婚をテーマにした昔話と、富の獲得をテーマとした昔話の、大きく二つのテーマがあるというわけです。そして、この二つのテーマは、伝統的な社会における二つの代表的な幸福のかたちを表しているということができます。

興味深いのは、結婚と富の獲得という幸福に関する二つのテーマが、現代社会を生きる私たちにとっても、相変わらず重要なテーマであり続けているということです。

「婚活」に熱心にはげんでいる人が、「幸せになりた～い！」と叫んでいる場合は、おそらく、素晴らしい相手に巡り会って結婚したいということを意味しているでしょう。また、「お金持ちになりた～い！」という人は多いでしょうし、さらには、お金がなければ幸福ではない、幸福とはすなわち、お金である、と考える人もいるかもしれません。あるいは、困らない程度に、ほどほどの生活ができる収入が得られれば幸せだという人もいるでしょう。

いずれにしても、結婚と富の獲得というテーマは、現代を生きる私たちにとっても、相当に深い関わりのあるテーマのはずです。もちろん、理想とする結婚相手や、手に入れたいと思う富の中身については、昔話の世界と現代とでは違っているかもしれません。しかし、かつての人々も同じテーマについて、長い間、思いをめぐらせてきたという点では、現代を生きる私たちと、それほどかけ離れているわけではないことがわかると思います。むしろ、長い間、人々が関心をもつテーマが、ほとんど変わっていないということのほうが、驚くべきことでしょう。

この章では、結婚と富という二つのテーマのうち、まず結婚をめぐる昔話を取り上げて検討していくことにしたいと思います。

結婚する主人公

不思議な誕生をする主人公のなかで、桃太郎と同様に、旅に出て、鬼退治をする有名な人物に、一寸法師がいます。あらすじは、次の通りです。

子どものいない老夫婦が神様に祈ると、身の丈が一寸（約三センチ）の小さな男の子が生まれる。一寸法師は立身出世をするために、都に出る。お金持ちの家で働き、娘に気に入られる。ある日、娘が寺にお参りにでかけたときに、鬼が現れて襲いかかる。鬼の腹の中を針の刀で突いて鬼を退治する。鬼から得た打ち出の小槌《こづち》で娘が一寸法師を叩くと、立派な若者になる。打ち出の小槌で財宝を得て、娘と結婚して末永く幸せに暮らす。

これを見ると、「桃太郎」と同じく鬼退治の話であることがわかりますが、大きな違いがあります。それは鬼退治をした結果、財宝を得る点は共通していますが、娘と結婚するという部分があるからです。結婚というモチーフは、子どもから大人への移行が成功した結果として可能になっていると考えられますので、「可能性の充足」状態が実現したということになります。

しかし、「桃太郎」と「一寸法師」では、もう一つ見逃せない違いがあります。それは、桃太郎は仲間と一緒に鬼退治をしていますが、一寸法師は単独で鬼退治をしている点です。これは、桃太郎の場合は、「仲間づくり」の結果として、鬼退治が成し遂げられているのに対して、一寸法師の場合は、鬼退治の結果として、娘との結婚が可能となっている点とも関係します。「桃太郎」と「一寸法師」では、同じ鬼退治でもその意味合いは違っているのです。一寸法師の場合は、鬼退治をしなければ、手に入れられない幸福が、娘との結婚ということになります。その意味で、一寸法師の鬼退治は、子どもから大人への「イニシエーション」としての儀礼的な意味合いが強いということができます。鬼退治によって、子どもから大人への「境界」を乗り越えていくのです。このことは、昔話ばかりでなく神話や伝説においても、最終的に娘と結婚に至る話の多くが、鬼退治や化物退治をともなっていることからもよくわかります。

価値の転換

では、一寸法師は、どのようにして幸運をつかんでいるのでしょうか？　それは戦いに勝利したやり方にヒントがあります。鬼の腹の中に入って、針の刀で突くという方法です。これは大きな体ではできないことでしょう。危機的な状況において、身の丈が小さいというマイナスの条件を、プラスに転換したということです。

これを積極的に評価すれば、一寸法師の「機転」が勝利をもたらした、ということになります。つまり鬼に対する人間の「知恵」の勝利を語っているというわけです。しかし、さらにこれにはもっと深い意味があるように思います。

宗教学者のエリアーデ（一九〇七―八六年）は、世界の諸民族のイニシエーション儀礼には、しばしば怪物の腹の中に入っていくというイメージが用いられることを指摘しています。怪物の腹の中において、若者は試練を与えられます。怪物の腹の中からの脱出は、試練の克服を表現しているのです。そして、興味深いのは、そうした怪物はしばしば海（水）の怪物として表現されているという点です（エリアーデ『生と再生――イニシエーションの宗教的意義』東京大学出版会）。

鬼退治をイニシエーション儀礼として捉える場合、一寸法師が鬼の腹の中に入って鬼退治をしている点は、興味深い一致ということができます。桃太郎が船に乗り、鬼の住む「島」に乗り込んでいく点も、海の怪物の腹の中に入っていくと捉えれば、イニシエーション儀礼と同様のイメージがそこに見られるといってよいでしょう。一寸法師が、鬼の腹の中で、身体の小ささというマイナスの条件をプラスに変化させたのは、それが子どもから大人へ移行をさせるイニシエーション儀礼の空間であったからと思われます。その結果、一寸法師は大人になるのです。

このことは見方を変えれば、鬼が登場したことによって、それまでマイナスの条件であったことが、結果的にプラスに変化したと見ることができます。鬼の存在が、一寸法師の価値を逆転させたのです。

援助者としての鬼

鬼は、法や倫理など人々が守るべきと考えている常識的な価値観とはまったく正反対の価値観を体現した存在です。だから、鬼なのです。しかし、人々の常識的な価値観のなかでは、マイナスとされることが、鬼の立場からは、プラスとして見なされるかもしれません。このように捉えると、一寸法師を助けるために、鬼が突然現れたようにも見えなくもありません。鬼が打ち出の小槌を忘れて逃げるという点もそのことを示しているように思えてきます。

昔話のなかには、恐ろしいとされる鬼が、主人公に幸福をもたらす話がいくつもあります。「節分の鬼」や「瘤《こぶ》取り爺《じい》」もそうです。鬼から幸福を与えられる主人公は、元々はたいてい不幸な状態に置かれている点が共通しています。一寸法師の場合も、生まれてから、何年たっても大きくならなかったとされています。また、「一寸法師」が収録された「御伽草子《おとぎぞうし》」では、一寸法師が何年たっても大きくならないので、老夫婦が化け物と思って気味悪がったので、一寸法師が自ら家を出たことになっています。この場合は、継子《ままこ》譚《たん》と同様、不遇な子どもと見なすことができます。

このように見ていくと、一寸法師と桃太郎では、境遇がかなり異なっていることがわかります。これは、桃太郎が財宝をもって、家に凱旋《がいせん》するのに対して、一寸法師が家には戻らないこととも関連しています。

鬼には、不遇な主人公の価値を逆転させるような、「援助者」の性格が見え隠れしているのです。援助者とは、主人公を幸福に導く者であり、そのためにしばしば不思議な贈り物を与える贈与者のことです。

昔話の世界では、援助者がしばしば登場します。人生のプロセスの大切な転換点に登場するのです。「桃太郎」では母親のイメージをもったお婆さんが援助者として登場していました。その一方、援助者は、しばしば恐ろしい鬼や化け物として描かれています。なぜ一見するとマイナスの価値をもっているようなものにその大切な役割を託すのでしょうか。この点に留意しながら、今度は、旅する女性の主人公が結婚に至る話を取り上げてみたいと思います。

旅する女主人公

継母に家を追い出されて、旅をする娘を主人公とする話に、「姥皮《うばかわ》」があります。あらすじは、次の通りです。

ある金持ちの家で、母が美しい娘を一人残して死ぬ。継母が娘を家から追い出す。乳母が娘に、危険に遭わないように、被《かぶ》ると老婆になる「姥皮」を与える。娘は姥皮で老婆になり、長者の家で水仕女《みずしめ》として雇われる。風呂に入るときだけ、姥皮を脱ぐ。長者の息子が、たまたま美しい娘の姿を見かけて病気になる。占い師が、この家に息子が気にいった女がおり、結婚させれば病気は治ると告げる。家中の女たちを連れてくるが、息子の病気は治らない。最後に老婆を連れてくると、息子はすぐに娘とわかり病気は治る。娘は姥皮を脱ぎ、息子と結婚する。

すでに少し触れたように、日本版のシンデレラ物語というべき話で、継子が最終的には長者の息子と結婚して幸せになるという筋を持っていることがわかります。

主人公の娘は、元々はお金持ちの家で両親と幸せに暮らしていました。その意味では、本来は「充足」状態にあったということです。しかし、娘には、子どもから大人への移行のプロセスが残されています。これはここでは、「未婚」ということです。その意味で、「欠如」状態にあるといえます。この「欠如」は、「充足」が可能な「欠如」ですので、これを実現させるように、つまり「結婚」という結末に向けて物語は展開します。

この場合に、二つの展開の仕方があります。一つは、娘の元に男がやって来るというタイプです。裕福な家で両親と幸せに暮らしていますので、娘は家を出る理由はありません。家にいたままで、結婚することになります。これについては、後で取り上げます。

もう一つは、家を出て、結婚するタイプです。「姥皮」はこれに相当します。では、なぜ、家を出ないといけないのでしょうか。それは母の死です。これによって、家の中に欠如が生じているからです。しかし、この欠如は、母がよみがえれば解消することになります。その意味では、母の死は、可能性としては欠如とはいえないのです。この可能性を消すために、母の位置に継母がやって来ることになります。しかし、継母がやさしい母であれば、欠如は解消されてしまうでしょう。継母がしばしば意地悪に描かれるのは、この可能性の欠如を強調するためなのです。これによって、娘にとっては、家そのものが欠如することになります。家の喪失です。娘を新たな家を探し求めて、否応なく旅に出ることになるのです。

援助者と魔法の贈り物

家を追い出されて旅に出る娘を援助する人物が現れます。この話では、「乳母」が現れて、娘に姥皮という呪宝《じゅほう》を与えてくれます。

では、なぜ乳母は、このような不思議な呪宝を持っていたのかということが、気になります。この話にはヴァリエイションがいくつかあるのですが、理由の一つとして、注目したいのは、旅の途中、山の中で出会った「山姥《やまんば》」から姥皮をもらうというものがあることです。本来であれば、恐ろしいはずの化け物が、援助者として登場しているということです。それは、なぜでしょうか。

この話は、最終的にハッピーエンドで終わっているので、二章で説明した物語の構造でいえば「上昇型」の構造をしているように見えますが、よく見れば、幸福な状態から不幸な状態に陥って、また幸福な状態に戻るという「循環型」の構造をしているともいえます。もともとは、主人公はお金持ちの家の美しい娘であったのです。家を追われたとしても、娘が美しいことには変わりはなかったでしょう。美しい娘とは、結婚の可能性があることを表しています。山姥がくれた姥皮は、この可能性を「隠す」という道具です。「可能性の欠如」を表現しているということです。姥皮は、娘のもっているプラスの条件をマイナスに変える働きをしていることがわかります。もし、このままずっと姥皮を脱がなければ、娘は老婆として一生を過ごすことになるでしょう。その意味では、乳母は、娘を老婆に変えてしまう魔法をかける化け物の側面ももっているともいえます。これは乳母の位置を山姥が占める場合があることにも示されています。

しかし、娘は老婆になることによって、長者の家の台所の水仕事をする下女や風呂焚《た》きとして雇われることになるのです。これは老婆に相応《ふさわ》しい仕事であって、美しい娘の姿のままでは雇われることはなかったでしょう。老婆の姿になることによって娘は仕事と住処《すみか》を得て、新たに人間関係をつくることができたのです。

乳母が姥皮を持っていたもう一つの理由として、「亡母」の代わりを乳母が占めていることが考えられます。古代文学者の三浦佑之《すけゆき》（一九四六年—）は継子譚における継母と継子の対立の背後に、継母と亡母の対立があることを指摘しています（三浦佑之『昔話にみる悪と欲望』新曜社）。ここから考えると援助者としての乳母は亡母という「死者の霊」の側面ももっていると捉えられます。亡母の霊であれば、姥皮のような不思議な呪宝を持っていることも理解できるように思います。

援助者の両義性

乳母は、姥皮を被って暮らすようには指示していますが、脱ぐことは指示していませんでした。姥皮を脱ぐことは、消極的なかたちで「禁止」されていたと捉えることができます。一方、長者の息子も娘の様子を見ることを消極的なかたちで「禁止」されていたと捉えることができます。それは、わざとのぞき見したわけではないことに示されています。見せるつもりのない娘と、見るつもりのない息子が、二つの消極的な「禁止」を破ることによって、長者の息子は娘の姿をたまたま見てしまうことになるのです。

息子からすれば、老婆が娘になったのですから、これは奇跡にほかならないでしょう。「可能性の欠如」が充足するとき、それは奇跡となるのです。乳母からの姥皮の贈与は、結果的に、娘の結婚という幸福をもたらしているのです。

「一寸法師」の鬼と同じような援助者の役回りを、乳母＝山姥がしていることがわかり

両義性をもった援助者
『姥皮』の乳母
実母の幽霊？
娘に姥皮をかぶって老婆のまますごすことを指示した乳母の姿
娘の幸せな結婚を結果的に導いた
『一寸法師』の鬼
非常識な存在としての鬼
鬼の登場のおかげで、成長できた上に、打ち出の小槌を手にすることになったます。ここには、援助者の両義的な性格の本質が描かれていると思います。

どんな人でも、一生の間には、その人生の転換点となる出会いというものがあります。その人物との出会いが、最後に幸福な人生を導くものであったとすれば、その人物は人生にとっての援助者ということができます。しかし、最初から援助者として現れるというよりは、結果的に見れば、援助者であったということに気付くという性格のものでしょう。特に初めて出会った人物が、人生にとっての援助者になるのかどうかは、そのときにはわからないからです。援助者はその正体を隠したまま登場するのです。正体不明の存在という意味では、これを表すのに化け物が選ばれるのは相応しいといえます。

もう一つ興味深い点は、援助者からの贈り物を、主人公は何の躊躇《ちゅうちょ》もなく当然のように受け取っていることです。ここには受け取る側の負担は感じられません。このことは、贈り物を渡すと援助者はすぐに消え去り、二度と登場しないことにも示されています。

マックス・リュティは、援助者は、彼岸的存在、つまり別の世界に属する者が多いことを指摘しています。さらに魔法の贈り物はやむにやまれぬ状況でしか使用されず、そうした状況の前にも後にも、主人公はほとんど贈り物のことは考えもしないし、援助者は役目が終わるとすぐに視界から消えていくと、リュティは指摘しています（前掲書）。魔法の贈り物とは、呪宝のことです。こうした援助者や魔法の贈り物の性格をどのように考えれば、よいでしょうか。

贈与の不可能性

フランスの哲学者ジャック・デリダ（一九三〇―二〇〇四年）は、「贈与」について、およそ次のような議論をしています。贈与が贈与であるためには、受け手が何かをお返ししてしまえば、それは「交換」になってしまい贈与ではなくなってしまいます。実際にお返ししなくても、精神的に負担を感じてしまえば、それも贈与とはいえないでしょう。また、与え手も受け手からのお返しを期待しているとすれば、それは贈与とはいえませんし、感謝されるだけでもそれはお返しになりますので、贈与とはいえないでしょう。極言すれば、贈与として認知されるだけで、もはや贈与でなくなってしまうのです。つまり、与え手にとっても受け手にとっても、「贈与としての贈与は贈与として現れてはならない」、ということになります。贈与は本質的に不可能なことなのです（ジャック・デリダ「時間を——与える」『他者の言語』法政大学出版局）。

もし、この意味での本当の贈与を、「純粋贈与」と呼ぶとすれば、純粋贈与があり得るのは、それは与える側がそれを贈与であるとは考えていない（あるいは忘れている）にもかかわらず、結果的に贈与になっている場合、あるいは贈り物を与えた瞬間に与え手そのものが消えてしまう、あるいは与え手が実在しない贈り物の場合でしょう。それと同時に、受け手もまたそれを贈り物であると意識していない場合か、受け取ってもすぐに忘れてしまうような場合かと思います。乳母＝山姥による姥皮の贈与は、まさにこれに相当するかと思います。

子どもから大人への移行は、誰も代わりができませんので、結局は、主人公自らが試練を乗り越えていかなくてはなりません。しかし、試練の乗り越えには、援助者が適切なタイミングで登場し、手助けをしなくてはならないのです。だからといって、援助者の存在感が大きすぎれば、主人公が自ら試練を乗り越えたとはいえないでしょう。イニシエーションには援助者が必要なのですが、しかし、主人公は自分の力で試練を乗り越えたと実感する必要があります。それによって、大人になったという自覚が生まれ、自信につながるからです。そのためには、援助者はイニシエーションに介在しながらも、あたかもそこにいなかったように振る舞う必要があるのです。

贈り物としての昔話

魔法の贈り物を与える援助者は、贈与の不可能性を可能にする存在として表現されているということができるかと思います。しかし、贈与が不可能であるという、まさにそれゆえに、それが贈与であることを理解できるのは、昔話のなかの与え手でも受け手でもないのです。もしそれが贈与であることがわかる者がいるとすれば、昔話の聞き手である私たちだけでしょう。結果的に、そうであったことを理解できるのは、昔話を享受している私たちなのです。

本来的には不可能な贈与という出来事を、私たちは昔話を通じて経験しているのです。贈与という出来事が人生にもたらす意味を学んでいるといってもいいかもしれません。その意味で、昔話こそが、魔法の贈り物なのではないか、そんなふうに思えるのです。

女の主人公の元を男が訪れる昔話

昔話「姥皮」は、女の主人公が旅に出て、最終的に結婚する話でした。これに対して、女の主人公の元に、男が訪れるという筋をもった昔話があります。たとえば、「蛇婿入《へびむこいり》」――苧環型《おだまきがた》」と呼ばれる話がそうです。あらすじは次の通りです。

ある娘の元に、毎晩、美しい若者が訪れては、朝になると帰っていく。しかし、どこの誰なのかはわからない。母親がそれを知り、若者の着物に糸を通した針を刺すように娘にいう。翌朝、糸を辿っていくと洞穴があり、蛇の親子が話をしているのを立ち聞きする。蛇の息子は針に刺されて死にかけており、娘の腹に子を宿したと話している。親蛇は、人間は賢いので菖蒲酒《しょうぶしゅ》を飲めば子は下りる、という。娘が菖蒲酒を飲むと、蛇の子がたくさん下りる。娘は元気になる。

この話では、「姥皮」とは異なり、娘は家を出て旅はしてはいません。しかし、「姥皮」と同様、娘は「未婚」ですので、潜在的には、結婚を待ち望んでいたと思われます。そこに外から若者が娘の元を訪れることになります。娘は家にいながらにして、美しい若者と結ばれるのです。これは未婚という意味での「欠如」状態を解消する出来事ということができます。しかし、十分な意味での欠如の解消とはいえません。若者がどこの誰なのか名乗らないからです。正体不明という意味で、新たな欠如が生じているということができます。最終的に、正体が蛇であることが判明し、結婚生活は破局することになります。それは、娘が腹に宿した蛇の子を堕胎する点にも表れています。

この話は、現代風にいえば、「結婚詐欺」にあった娘の話ということができます。夫が妻の家を訪れる妻問婚《つまどいこん》を反映した話なのかもしれませんが、娘の性格を反映しているとすれば、娘は家のなかでじっと待っていたところをみると、地味で内気な性格なのかもしれません。そこに美しい若者に積極的にアプローチをされたわけですから、かなり舞い上がっていたかもしれません。きっと夢のような生活だったと思います。しかし、その美しい若者は、じつは蛇だったのです。娘は騙《だま》されたというわけです。蛇が娘を騙そうとしていたことは、洞窟の中の親蛇との会話にも表れています。蛇は「詐欺師」としての役回りをしているのです。

贈与と詐欺

北欧神話『エッダ』の一節に、最高神オーディンが、吟遊詩人ロッドファーヴニルに語ったという言葉があります。

「よいか、お前が信頼できる友を持ち、彼から良いことを期待しようと思ったら、その友と心を通わせ、贈り物をやりとりし、足しげく会いにいかねばならぬ。もし、信頼できぬ友を持ちながら、彼から良いことを期待しようと思うなら、口先だけ綺麗事を言って心では欺き、ごまかしにはごまかしで酬《むく》いるべきだ。」（ネッケルほか『エッダ―古代北欧歌謡集』新潮社）

これは、マルセル・モースが贈与という現象から社会の原理を解明しようとした著書『贈与論』の冒頭で引用した一節です。

社会学者の荻野昌弘（一九五七年―）は、この一節には、贈与とは別に、社会の原理を考える、もう一つの重要な主題があると指摘します。それは「詐欺」です。荻野は、詐欺の分析を通じて、社会の原理を考えようと試みています（荻野昌弘『零度の社会——詐欺と贈与の社会学』世界思想社）。

詐欺は、騙す者と騙される者との間の二者関係の間で生じます。しかし、それが二人の間だけで完結している間は、詐欺ではありません。たとえ、常識的には考えられないような状況が起きていても、騙される側が気づかない限り、詐欺ではなく贈与であり続けるのです。結婚詐欺の場合には、詐欺師に金品を奪われ続けていても、騙される側はそれを愛情から出た贈与であると信じ続けます。「蛇婿入」の場合には、娘は身体を奪われるという詐欺にあっているわけです。蛇の親子の会話から考えると、詐欺の狙いは、娘の腹を利用して、蛇の子を作ることにあったと思われます。

荻野は、社会を成り立たせている規範は、社会の隅々にまで浸透しているわけではなく、規範が通用しない「社会の余白」とも呼ぶべき空間が有り得ることを指摘し、これを「社会性零度の世界」という意味で、「零度の社会」と呼んでいます。美しい若者が訪れている娘の部屋は、まさに「零度の社会」と呼べるでしょう。

この「零度の社会」が破綻するのは、しばしば、その外から第三者が介入する場合です。この昔話の場合には、娘が詐欺にあっていることに母親が気づきます。

しかし、一方で、正体が露呈しても、詐欺とは捉えられない場合があります。たとえば、同じ筋をもった話でありながら結末が異なり、蛇の子が特定の家の先祖になって子孫が繁栄したという伝説となっている場合もあるのです。古くは『古事記』に見られる三輪山《みわやま》の神婚神話も同様の筋をもっています。このタイプの神話や伝説は、特定の地域において、なぜある家系がその地域を支配するようになったのか、その権力の正統性の由来を説明する起源神話ということができます。外来者は単なる蛇ではなくて、神聖な存在、神として考えられているのです。

つまり、外来者の正体が、プラスと見なされた場合は蛇の子孫は繁栄し、マイナスと見なされた場合には堕胎という結末になっているのです。どちらも娘を騙しているにもかかわらずです。正体が露呈することによって、プラスになる場合もあれば、逆に、マイナスになる場合があるということなのです。それは言いかえれば、贈与と見なされるか、詐欺と見なされるかの違いということになります。子孫が繁栄する話は、子どもは神からの神聖な贈り物と考えられているということです。一方、堕胎する話では、子どもは歓迎されざる贈り物、詐欺の産物ということになります。

援助者は誰か

では、誰が、プラスと見なしたり、マイナスと見なしたりといった判断をするのでしょうか。それはこの話を伝えてきた人たちです。その意味で、判断する視点は、昔話の「外部」にあるといえます。そして、こうした「外部」の視点を反映していると考えられるのが、母親です。母親だけが、第三者として外から、正体を見破る視点をもっていたからです。

この話では、母親が結果的に援助者としての役回りをしていることがわかります。そこから考えると、援助者とは、昔話を伝えてきた人々、さらにいえば、昔話の享受者である私たちの視点を反映していることになります。援助者は、私たちの代わりに昔話のなかで働いてくれているのです。その意味で、娘を窮地から救っているのは、昔話の享受者である私たちということになります。

一方、娘の立場からすれば、母親のせいで、美しい若者が蛇に変わってしまったともいえます。見方を変えれば、若者が魔法をかけられたというふうに見えなくもありません。この場合は、母親は援助者というよりも、魔法を使う化け物に近くなってきます。

実際、娘は相当ショックを受けたはずです。にわかには、美しい若者が蛇であったことを信じることはできないでしょう。この娘の気持ちを尊重するなら、蛇に変えられた若者を再び元の姿に戻す話が後半に続くはずです。しかしながら、そのような話は、見当たらないようです。娘は若者の正体が蛇であることをすぐに受け入れているのです。それは母親の視点を受け入れたということです。ここには、母親と娘との強い結びつきを感じさせるものがあります。母親が与えた針を娘が躊躇《ちゆうちよ》なく受け取って、言われた通りに、若者の着物に刺していることにも表れています。

逆にいえば、蛇をマイナスとして判断している昔話の享受者の視点を母親が反映しているとすれば、魔法で若者が蛇に変えられてしまったという捉え方はあり得ません。娘は母親の意向に従うほかないのです。また、このことは、娘の援助者として、母親が相応しいということを、この話が強く訴えているということです。昔話の享受者である私たちは、母親と娘が強い結びつきをもっており、母親が娘を助けることを当然視しているということなのです。

この昔話のテーマは、「母親の援助によって、娘が窮地から救われる」ということになろうかと思います。

母と娘の密着した関係

しかし、この話では、マイナスが解消し、ゼロになってはいますが、プラスの結末を迎えているわけではありません。むしろ、結婚が破局し、娘は一人に戻ったわけですから、マイナス状態に戻ったといえます。母親は娘の窮地を救っていますが、娘がプラスの状態に移行することを助けているわけではないのです。

動物と人間の婚姻を描いている異類婚姻譚について世界の事例を研究した小澤俊夫によれば、正体が動物である場合は、日本の昔話では、必ずといってよいほど、結末は破局になり、逆に、「田螺《たにし》長者」のように、主人公の正体が人間である場合には、しばしば幸せな結末を迎えることがわかっています（小澤俊夫『昔話のコスモロジー――ひとと動物の婚姻譚』（講談社学術文庫））。ここに動物を人間より劣ったものと見なす動物観を読み込んだり、あるいは異民族に対する畏怖や蔑視の観念の反映を読み込んだりすることもできるかもしれません。しかし、破局を迎える理由は、それだけはないように思います。

「姥皮」の場合には、乳母が娘を援助しています。すでに見たように、この場合の援助は、消極的な援助ですが、娘の結婚という結末で終わっています。一方、「蛇婿入」では、実母が積極的に援助をしていますが、破局という結末で終わっているのです。ここには、同じ援助者であっても、乳母と実母では大きな違いがあるということです。乳母が亡母の代わりであったことを考えると、実母とは生きて一緒に暮らしている本当の母と言えます。その意味での実母と娘の間には、分かちがたい結びつきがあるのです。実母の援助は、娘を手離したくないがための行動にも見えます。娘の結婚を邪魔しているのではないか、そういうふうにも見えるのです。母から娘への援助は薬にもなれば、毒にもなるのです。

私たちの周囲には、しばしば母と娘との密着した関係が見られます。これは、娘にとっての幸せなのか、それとも母にとっての幸せなのか。あるいは、双方にとっての幸せなのか、それとも双方にとって不幸なことなのか。母と娘の関係性こそ、外からは窺《うかが》いしれない、「零度の社会」なのかもしれません。

詐欺師としての一寸法師

ここで一つ付け加えておきたいことがあります。「蛇婿入」では、主人公は娘であり、外来者である蛇は娘を騙す詐欺師の役回りをしていました。これを外来者のほうを主人公として捉えてみれば、どうでしょうか。つまり、男の主人公が、娘の元を訪れて結婚するという話になるかと思います。すでに見た「一寸法師」がこれに相当します。外来者である蛇が詐欺師の役回りをしていたように、一寸法師も詐欺師と見なすことが可能です。

じつは、娘を見て好きになった一寸法師が、娘が寝ている間に娘の口のまわりに米粉やきな粉を塗っておいて、自分の食べ物が取られたと言って騒ぎ立て、娘をまんまと手に入れるという話が数多く見られます。御伽草子の「一寸法師」にも見られるものですし、「田螺長者」のヴァリエイションでも、このような場面がしばしば見られるのです。

三浦佑之は、一寸法師のこのような「知恵」は「狡《ずる》さ」と紙一重であるとし、このような「狡さ」がかろうじて「知恵」として許されるのは、神の申し子であるからと述べています（前掲書）。

三浦のいう「狡さ」とは、ここでの「詐欺」にあたります。とすれば、詐欺が許されるのは、神の申し子であるからということになります。しかし方を変えれば、神の申し子ならではの詐欺をやっているから、許されているともいえるのではないでしょうか。

一寸法師は自らが与えた食べ物を、盗まれたものと周囲に思わせることで、娘を手に入れていました。「蛇婿入」と異なり、騙されているのは娘ではなく、周囲だということです。周囲が騙されてしまえば、もはや詐欺を暴露する「外部」の視点は存在しないことになります。周囲を騙すことで、暴露される視点をあらかじめ消去している点が、まさに神業とも呼ぶべき、神の申し子ならではの詐欺なのです。その意味で、一寸法師は、詐欺師というよりは、「トリックスター」と呼んだほうが相応しいでしょう。

これが詐欺だと暴露できる視点があるとすれば、それは娘だけです。娘だけが「外部」の視点を持っているのです。このことは、重要です。最終的に、打ち出の小槌で一寸法師を叩いて、その正体を明らかにするのは、娘だからです。その意味で、娘は「外部」の視点を体現しているのです。この場合、娘は主人公の援助者の位置を占めているということがわかります。

しかし、一方で、鬼も援助者としての位置を占めていました。これはどういうことでしょうか？

娘の視点は、正確にいえば、周囲の「外部」でありながら、その「外部」というのは、周囲の「内部」にあるといえます。ここには、二つの外部があるのです。周囲の「外部」にある「外部」を代表しているのが、鬼であり、周囲の「内部」にある「外部」を代表しているのが娘ということになります。鬼と娘は、援助者の二つの顔を体現しているのです。なぜ、娘のところに鬼が現れるのかも、ここから理解できるように思います。鬼と娘とは、深いところで、つながっているのです。

男の主人公の元を女が訪れる昔話

「鶴女房」という昔話があります。一般的には、「鶴の恩返し」として知られている話です。あらすじは、次の通りです。

貧しい若い男が、捕らえられた鶴を買いとり、手当てして放す。美しい女が現われ、妻になる。妻は部屋を覗《のぞ》くなという。男が部屋を覗くと、鶴が羽根を抜いて織物を織っている。妻は姿を見られたといって去る。男は妻が残した反物を売って、お金持ちになる。

形態論的な構造を簡単に確認しておきましょう。主人公は若い男ですので、「未婚」という意味で「欠如①」、貧しいですので「欠如②」と整理します。鶴を助けるためにお金を払っていますので、これを「欠如②の拡大」とします。妻を得ますので、これを「欠如①の解消」とします。妻に部屋を覗くなと言われますので、これを「禁止」、結局、覗いてしまうので、これは「違反」と整理できます。覗かれた妻は去りますので、再び男は「欠如①」に戻っています。しかし、妻の残した反物を売って、お金持ちになっていますので、これを「欠如②」の解消と整理できるかと思います。

さて、これを見るとわかることは、「鶴女房」では、二種類の「欠如」が描かれている点です。「欠如①」を基準に物語を眺めてみると、最終的に元の独身に戻っていますので、「循環型」の構造となっていることがわかります。一方、「欠如②」を基準に眺めてみると、最終的に「欠如」は充足し、お金持ちになっていることがわかります。つまり、「上昇型」の構造となっているのです。

関敬吾は、昔話のテーマには、結婚と富の獲得という大きく二つのテーマがあることを指摘していました。この観点からいえば、「鶴女房」は、この二つの群の昔話の両方の特徴を備えた話ということができます。「欠如①」が「婚姻」に、「欠如②」が「富」にそれぞれ相当していることがわかります。

見るなの禁止

この話も「蛇婿入」と同様に、異類婚姻譚ということができます。また、正体を見られた結果、破局を迎えている点も同様です。破局を迎えた原因は、部屋を覗かれた点にあります。「蛇婿入」の場合は、娘の母親が、娘の様子が気になって、覗いていました。

そして、覗かれているのは男のほうでした。この話では、男と女の間で、覗き覗かれるという関係が生じています。そして、覗かれているのは女のほうです。この点は、「姥皮」と同様ということができます。しかし、「姥皮」と異なっているのは、この話では、女のほうが、はっきりと覗かないように「禁止」していること、男が禁止を破って覗いている点でしょう。

この話に見られるような、「見るなの禁止」という場面は、しばしば昔話や神話に見られ、多くの研究者の興味をひいてきました。

臨床心理学者の河合隼雄《はやお》（一九二八―二〇〇七年）は、見るなの禁止には、女性の「恥じらい」があることを指摘しています。男に動物としての本性を見られた女は、自分の姿を恥じて男の元を去っていくことにも表れています。河合は、この場面が昔話を聞く者に「あわれ」の感情を生じさせる点に注目しています。ここに日本人の美意識が見られるというわけです。「鶴女房」に、文学的な価値を見出す場合もこの点に注目していると言えます。

一方、男が禁止を破ってしまう理由として、河合は、男の「欲」を指摘しています。

河合が取り上げている「鶴女房」のヴァリエイションでは、妻が織った反物を殿様が高額で買い取ったうえで、さらにもう一反買いたいと要望します。男は欲が出て、妻にもう一反織らせます。男は金持ちになって、態度が変わったのです。欲深い人間は、不安も高いので、じっと待つことができません。そのため男はとうとう禁止を犯してしまう、というのが河合の見解です（河合隼雄『昔話と日本人の心』岩波書店）。

河合の見解は、「鶴女房」の「見るなの禁止」の意味を深く理解したものといえます。おそらく、多くの研究者に受け入れられている定説の一つといってよいかと思います。しかしここでは、この話を「贈与」という観点から、もう一度見直してみたいと思います。

男が捉えられた鶴を助けるという行為は、男の鶴に対する贈与ということができます。しかし、この贈与は単なる贈与ではありません。貧しい男が金を出してまで、鶴を助けているわけですから、これは過剰な贈与です。鶴にとってはたいへんありがたいことですが、同時に大きな負担を感じる贈与でもあるということです。大きな負担を感じた以上、それに相応しいお返しをしなければなりません。それが反物を織るという行為です。

「鶴女房」のヴァリエーションには、お爺さんが鶴を助けて、老夫婦の元に、娘がやって来るという話も多いですが、結末は、お爺さんが反物を織っている姿を覗いて、娘が去っていくという同様の話になっています。そこから考えると、鶴のお返しは、妻になることであったというよりは、反物を織ることにあるといえます。

しかし、反物を織る作業は、自らの羽根を抜いて織り込んでいくという、文字通り身を削るような、とても過酷な作業でした。鶴はこの過酷な作業の様子を男には見せたくないと考えていたと思われます。その理由は二つあります。一つは、この過酷な作業を知れば、男にとっては大きな負担となります。妻からの負担の大きい贈与を、素直に受け取ることはできないからです。おそらく、それを事前に知っていれば、男は反物を織ることを止めたでしょう。そうすれば、鶴はお返しに失敗してしまいます。

もう一つは、羽根を抜いて織り込むためには、鶴の姿に戻らなくてなりませんので、もし、覗かれると、男が助けた鶴であることが、ばれてしまうからです。正確にいえば、鶴であることがばれるよりは、助けられた者であることがばれることのほうが問題なのです。なぜなら、妻であれば普通にするべき「仕事」の一つである機織りが、「お返し」であることがわかってしまうからです。「お返し」のことを「反対贈与」といいます。この物語では男の過剰な贈与に対する、鶴の身を削るような過剰な反対贈与であることがわかってしまうのは困るのです。これは、すでに指摘した「ポトラッチ」という現象に似ていることがわかります。過剰な贈与は、相手に大きな負担を強いるだけでなく、相手の面子《メンツ》を傷つける行為にもなります。ですので、自らの面子を保つために、贈与に対する反対贈与がなされて、そのやり取りはエスカレートしていくことになります。これがポトラッチでした。しかし、ポトラッチと異なるのは、男の過剰な贈与は、捕えられた鶴の「救済」を意味しているからです。「救済」という贈与なのです。「救済」の贈与は、強烈な「感謝」の気持ちを引き起こすだけでなく、大きな負い目を与えることになります。ポトラッチにもまして、過剰な反対贈与を引き起こすのです。この反対贈与は「献身」と呼んでいいでしょう。

鶴にとっては、自分の反対贈与に対して、男からさらに反対贈与をもらうわけにはいきません。そうなれば、お返しにならないからです。首尾よくお返しをして、それでやり取りを終わらせるためには、反物が反対贈与であることを隠さなければならないのです。そのために発せられたのが、「見るなの禁止」というわけです。鶴は、贈与としては現れない贈与として、反物を男に与えたかったのでしょう。

このように考えていくと、鶴が反物を織っている部屋は、それが贈与であることを隠している空間ということがいえます。「見るなの禁止」は、贈与を贈与として現れないようにしながら、贈与を成し遂げるための「仕掛け」ということができます。

しかし、「見るなの禁止」は、昔話のなかでは、最終的には、必ず破られる運命にあります。それは、なぜでしょうか。

デリダは、贈与としての贈与は、受け手にとっても与え手にとっても、贈与として現れてはならないと指摘していました。「見るなの禁止」は、デリダのいう意味での贈与を可能にする、巧みな仕掛けということができます。受け手である男にとっては、もちろんですが、与え手である鶴にとっても、妻あるいは娘という立場でいる限りは、それは仕事ではあっても、贈与としては現れないのです。

しかし、最終的に贈与が贈与として現れなければ、それが贈与であったということはわかりません。ここに贈与のパラドックスがあります。このパラドックスを解決するた

『鶴女房』の見るなの禁止
〈河合隼雄説〉
欲深さからのぞく
禁を破る
恥じらいから去る
あはれの感情
〈贈与の観点で考える〉
贈与
実は
反対贈与
禁を破る
贈与のパラドックスの解決！
隠しながらも、明かす瞬間が必要となり…

めには、それが贈与であることを明かす「瞬間」が必要になるのです。「見るなの禁止」が発せられて、その後に必ず破られるのは、贈与のパラドックスの物語的な解決といってよいでしょう。

しかし、この解決は、かりそめの一時的な解決にしかなりません。なぜなら、それが贈与であることがわかった瞬間、贈与に対する反対贈与のサイクルが始まってしまうからです。デリダの言葉でいえば、贈与ではなく、「交換」になってしまうのです。

この話の場合、反物を織ることが、過剰な反対贈与であることがあきらかになった以上、男はこれに対して何らかの「応答」を迫られるでしょう。鶴がその場に居続ければ、男からお返しがなされるかもしれません。それを避けるためには、鶴は反対贈与を成し遂げると、すぐにその場から立ち去らなければならないのです。

贈与の与え手である鶴は、その場を立ち去ることによって、過剰な贈与と過剰な反対贈与のサイクルを断ち切り、自らの反対贈与を貫徹させているのです。

「変装」の意味

以上、結婚をテーマとした四つのタイプの話を取り上げて、検討してきました。「一寸法師」のように、男の主人公が女を訪れる話、「姥皮」のように女の主人公が男を訪れる話を取り上げました。さらに、「蛇婿入」のように、男が女の主人公を訪れる話を取り上げました。この場合は、男は人間ではなく動物が人間に姿を変えていました。また、「鶴女房」のように、女が男の主人公を訪れる話を取り上げました。この場合は、動物の女が人間の姿に変えていました。

これら四つのタイプの話は、「主人公の性を入れ替える」という操作と、「訪問する者と訪問される者を入れ替える」という二重の操作によって得られる話ということがわかります。四つのタイプの話は、同一の構造をもつ変換群と捉えることができます。これは、「構造主義」の創始者フランスの人類学者レヴィ＝ストロースによる神話の構造分析の方法による捉え方です。この方法は、一つの神話のなかのいくつかのモチーフ、あるいは複数の神話を突き合わせて、そこに対立や類似を読み取ることで、物語の展開の順序から構造を抽出する形態論的構造分析だけでは捉えられない、物語を背後から規定している隠された「構造」をあぶり出そうとするものといえます（レヴィ＝ストロース

『構造人類学』みすず書房）。

　民俗学者の小松和彦（一九四七年―）は、構造主義的な立場から、変換群と見なせるこれらの四つのタイプの昔話を取り上げて、これらに共通するモチーフとして「変装」に着目し、これが二つの世界を「移行」する際の姿を現していることを指摘しています（小松和彦『神々の精神史』講談社学術文庫）。

「変装」は、人間の世界と動物の世界、元の世界と新たな世界との間の移行の状態を示しているのです。「一寸法師」とほぼ同様の筋をもつ「田螺長者」が、なぜ動物として描かれ、なぜ娘が姥皮を着て、老婆の姿になるのかも理解できるでしょう。

　移行の状態とは、言うなれば、「旅」の過程ということです。「変装」は、二つの世界を移動するための「旅装束」なのです。

　この「旅装束」の持っている意味について、次章において、再び取り上げることになります。

第四章　どんな人物が富を手に入れるのか？

富の獲得というテーマ

この章では、昔話の二大テーマ、結婚と富の獲得のうち、富の獲得を描いた昔話を取り上げて、どんな人物がどのようにして富を手に入れるのかについて検討したいと思います。

前章で取り上げた「鶴女房」の場合では、最終的に、富を獲得したのは、貧しいが心のやさしい若者でした。しかし、若者の場合は、鶴が妻として現れているために、結婚については破局で終わっていました。一方で、鶴を助けたのが、お爺《じい》さんの場合では、老夫婦の家に、鶴は娘として現れますので、正体が露呈して去っていくものの、結婚の破局ではありませんでした。富の獲得というテーマを軸に考えた場合には、お爺さんが登場する話がよりテーマに合っていることがわかります。

たしかに、昔話では、貧しいが心やさしいお爺さんが、富を獲得する話がよく見られます。主人公が幸せな結婚をして、ハッピーエンドで終わる話は、お金持ちの息子や娘と結婚していますので、結婚と同時に富も獲得しているといえます。富の獲得だけを描くには、お爺さんが主役の場合が描きやすいといえるかと思います。

笠地蔵

このような昔話のなかで、もっともよく知られていのが、「笠地蔵《かさじぞう》」です。あらすじは、次の通りです。

貧しい爺と婆《ばあ》が暮らしている。年越しの用意が必要となる。婆が貯めていた糸綜《いとへそ》を爺が町に売りに行く。誰も相手にしてくれず売れ残る。売れ残りの笠五つと糸綜を交換する。村境の六地蔵に笠を五つ、残りの一体には手ぬぐいをかぶせて家に帰る。夜中に爺の家の玄関に六地蔵がやって来て、米、肴《さかな》、金子《きんす》などを置いて行く。

貧しいけど心やさしい爺が、雪をかぶっている地蔵に、笠をかぶせてあげると、地蔵がお礼に正月の食べ物やお金を運んできてくれるという、なんとも心温まる話ですので、人気のある昔話だと思います。私がもっとも好きな昔話も、この「笠地蔵」の話です。

昔話では、よくあるように、この話もお爺さんとお婆さんが冒頭に登場しています。「桃太郎」もそうでしたね。しかし、「桃太郎」の話の場合では、子どもが老夫婦に与えられるのですが、この話では、最終的に「富」が与えられています。この違いはどこから来ているかといえば、この話の老夫婦は、「貧しい」という点に特徴があるのです。これは子どもの欠如というよりは「富」の欠如を意味しています。この状態を改善するために、物語は展開することになります。

ただでさえ、貧しい状態にあるにもかかわらず、年の瀬が迫り、老夫婦は正月を迎える準備が必要になります。貧しくない老夫婦であれば、正月の準備は問題とはならないでしょう。しかし、貧しい老夫婦にとっては、これはなかなか大変な問題です。貧しい老夫婦が登場するのは、正月の準備ができる可能性が欠如していることを示すためなのです。この「可能性の欠如」が充足するとき、それは「奇跡」となるのです。

では、「可能性の欠如」の充足は、何をすれば成し遂げられるのでしょうか。それは婆が貯めていた「糸臍」を爺が町に売りに行くことによってです。これは「課題（試練）」ということができます。糸臍とは、紡いだ糸を環状に幾重にも巻いたもので、「苧《お》環《だまき》」のことです。ちなみに、前章で取り上げた「蛇婿入《へびむこいり》」では、糸を通した針を蛇に刺して、糸を辿《たど》っていっていましたので、そこから「苧環型」と名付けられています。

この話のヴァリエイションでは、糸臍のほかに、縄、手まり、畳糸などを爺が売りに行く話も見られます。いずれも、売れ残ってしまい、同じく売れ残った笠と交換していきます。爺が糸臍を売りに行くのは、それが「売れ残る」ものであることを示すためのようです。爺が最初から、婆の編んだ笠を町に売りに行くケースでも、やはり「売れ残る」ことになっています。

つまり、町に爺が何かを売りに行くという「課題」は、不成功に終わってしまうのです。しかし、その売れ残りの笠を地蔵にかぶせることによって、その返礼として、爺は地蔵から大きな富を贈られることになります。これを「交換」と考えれば、理解しがたいことです。爺が与えた笠が「売れ残り」であることには、深い意味がありそうです。

「売れ残り」の謎

町が貨幣による交換で成り立っている市場であるとすれば、「売れ残り」ということは、市場での笠の価値は、金額的には「ゼロ」であったということです。しかし、金額的には「ゼロ」であったとしても、笠としては使えるわけですから、使用価値はあるといえます。そこで爺は地蔵に笠をかぶせてあげます。しかし、これも少々意地悪く考えてみれば、疑問が残ります。雪を防ぐために、石の地蔵に、笠は必要なのかということです。その意味では、笠の使用価値を無駄にしているようにも見えるのです。売れ残りとはいえ、地蔵に笠を与えるのを、何かもったいないことをしていると感じる人がいるとすれば、この辺りにその理由があると思います。

つまり、この話は、笠が売り物としても、その使用価値においても「ゼロ」となるように描いているのです。地蔵から大きな富を反対贈与されているにもかかわらず、それに匹敵するどころか、まったく無価値のものを爺は贈与していることになります。しかし、本当に無価値と見なしていいのでしょうか。

純粋な気持ちの贈与

ここで参考になるのが、環境社会学者・環境民俗学者の鳥越皓之《ひろゆき》（一九四四年―）による考え方です。鳥越は、「あいさつ」を「儀礼的コミュニケーション」と捉えて論じた文章のなかで、「あいさつの本質は人間相互の気持ちの交流だと言い切ってよいかもしれない」として、「儀礼という型を私たちが必要とした」のは、「おそらく、気持ちを表す便利な手段」だからではないかと述べています（鳥越皓之「あいさつ」新谷尚紀・波平恵美子・湯川洋司編『暮らしの中の民俗学1』吉川弘文館）。

あいさつが、言葉や態度による「気持ち」の贈与だとすれば、モノによる贈与である贈り物が運んでいるのもまた、つまるところは、「気持ち」ということになるでしょう。私たちが贈り物をするとき、モノを通して相手に気持ちを運んでいるのです。これは至極当たり前のことかと思います。たとえば、バレンタインデーのチョコレートを、相手に栄養を補給してもらうために贈るという人は稀《まれ》でしょう。相手に対する好意や感謝の気持ちを込めて贈っているはずです。

爺が与えた笠は、金額的価値や使用価値はありませんでした。これには、もう一つ重要な意味があります。なぜなら、気持ちを伝えるために贈り物があるわけですが、どんな贈り物を贈るかによって、気持ちに値段が付けられてしまったり、別の意味が付け加えられてしまうからです。贈り物に託して気持ちを伝えるということは、とても難しい行為なのです。冠婚葬祭や年中行事など、儀礼的なコミュニケーションに用いられる贈り物には、それぞれの場合に応じて、ある程度の決まりがあることも、これと関係しています。鳥越の言葉を借りれば、「気持ちを表すのに便利な手段」ということなのです。

ここから考えれば、笠を与えることによって、まったく純粋に気持ちだけが贈与されていたということになります。興味深いのは、地蔵に笠をかぶせることは、使用価値という点では、無駄なことをしているようにも見えますが、しかし、気持ちを表す方法としては、笠の使い方は間違っているわけではないという点です。むしろ、純粋に気持ちを伝えるという意味では、極めてすぐれた使い方であるといえるかと思います。

では、地蔵に笠をかぶせるという行為によって、爺は、純粋にどのような気持ちを伝えているのでしょうか。それは「救済」です。雪をかぶった地蔵を「救済」したいという気持ちが純粋に伝わっているのです。しかし、この気持ちは「救済してあげる」というのとは、異なっています。なぜなら、相手が地蔵だからです。日頃、私たちを人知れず見守ってくれているのが神仏など人間を超えた存在でしょう。爺の「救済」の気持ちは、「感謝」の気持ちと重なっているのです。贈与でありながら、反対贈与として振舞われているといえるのです。これは見返りを求めていない贈与ということです。そのようにいえるのは爺にとってはもはや価値のない売れ残りの笠を贈与しているからです。さらに、雪をかぶっている地蔵を見て、かわいそうに思い爺が地蔵に笠をかぶせているように、これは神仏に何か祈願するために捧げものをするのとは異なっているからです。爺が喜んで笠を贈与する理由は、売れ残りの笠を与えるという、まったく負担のないかたちで、思いがけず、「感謝」の気持ちを伝える機会を得ることができたからでしょう。

私たちが爺の行為に感動するとすれば、この点に理由があると思います。昔話の享受者である私たちが感動したからこそ、地蔵も心を動かされることになります。その結果、地蔵は富を与える贈与者＝援助者の役回りをすることになるのです。

なぜ「一体分足りない」のか

ここで気になる点が一つあります。すべての地蔵に売れ残りの笠が与えられているわけではないからです。必ずといってよいほど、笠が「一体分足りない」という状況が描かれているからです。爺が富を獲得したのには、ここにも秘密がありそうなのです。

爺が笠を五つ持っているのに対して、六地蔵と呼ばれるように、地蔵は六体である場合が多いです。残りの一体に対して、爺は自分のかぶっている笠を脱いで、地蔵にかぶせる場合もあれば、頭にかぶっている手ぬぐいを脱いで地蔵にかぶせる場合もあります。さらには、手ぬぐいではなく、なんと爺のはいている「ふんどし」を脱いで、地蔵にかぶせているものもあります。民俗語彙辞典によれば、手ぬぐいが「ふんどし」を意味する場合があることがわかっています。爺が脱いだのは、手ぬぐいではなく、そもそも「ふんどし」であった可能性があります。そうなると、「一体分足りない」という場面は、爺が「脱ぐ」ことに意味があったのではないかという気がしてきます。実際、「笠地蔵」のヴァリエイションには、自分の着ている着物まで脱いで与えてしまい、なんと

「裸」で家に帰っているものもあるのです。これはどういうことでしょうか？

家を出て町に売りにでかける爺の姿は、笠をかぶった姿であったと思われます。笠をかぶった爺の姿は、家を出て町へ行き家に戻るまでの移行の期間を表現しているのです。このことは、娘が姥皮《うばかわ》を着て老婆の姿になったり、鶴が美しい人間の女の姿で現れることにも当てはまります。どちらも移行の状態を示しているからです。

民俗学者の折口信夫《おりくちしのぶ》（一八八七―一九五三年）は、「笠」をかぶり「蓑《みの》」を身に着けた「蓑笠」姿の外部から訪れる旅人を「まれびと」と呼び、この姿に「訪れる神」のイメージを見出そうとしました（折口信夫「国文学の発生」（第三稿）『折口信夫全集1』中央公論社）。

笠をかぶった爺の姿が、「訪れる神」の姿と捉えられるかどうかはわかりませんが、少なくとも、笠をかぶることで、匿名の存在と化しているということはできると思います。笠によって、「顔」が隠されていると考えられるからです。

笠によって、「顔」が隠されていると考えられるとすると、「脱ぐ」という意味も見えてきます。「姥皮」で娘が姥皮を脱いでいるところを見られたり、「鶴女房」で、動物の姿に戻っているところを見られたりするモチーフと同様に、正体が明らかになるということです。

翁は、笠をかぶせることによって、地蔵に対して純粋な気持ちの贈与を行っていました。しかし、翁は笠をかぶっていたため、「顔」が隠されている状態にあったのです。これでは、笠を与えてくれたのは誰であるのかわかりませんので、返礼もできないことになります。笠を脱いで、「顔」を見せることによって、はじめて純粋な気持ちの与え手が誰であったのかがわかるからです。これは、「鶴女房」において、反対贈与の与え手であることを隠すために「見るなの禁止」がなされていたことと、対応していることがわかります。翁が地蔵に「顔」を見せることによって、贈与の与え手であったことを明かしているのです。その結果、地蔵は「応答」を迫られ、過剰な反対贈与がなされるのです。

これによって、地蔵がわざわざ翁の家までやって来る理由がわかります。笠を脱いだ姿の翁を見つけることができるのは、家の中だからです。そして、玄関に贈り物を置いて、すぐにその場を立ち去る意味もわかってきます。鶴が反物を置いて、その場を立ち去ったのと同様に、贈与と反対贈与のサイクルを断ち切って、爺への反対贈与を貫徹させるためなのです。このことは、この話のヴァリエイションの多くが、贈り物を運んできたのが地蔵であると語りながらも、その地蔵の姿を爺がはっきりと見たとは語っていないこととも関連しています。

はなたれ小僧

「鶴女房」では、若者に美しい女が妻となって富をもたらしました。お爺さんの場合には、老夫婦の家に、娘が現れて富をもたらしていました。老夫婦が登場する場合には、必ず子どものいない老夫婦が登場し、そこに子どもが与えられるというのが、よくあるパターンでした。「鶴女房」の場合に、老夫婦に娘が現れたのは、反物を織るという行為が、女性の仕事と考えられていたからでしょう。

ここでは、子どもが富をもたらす昔話を取り上げてみましょう。「竜宮童子」という昔話です。一般的には、「はなたれ小僧」という名前で知られています。面白い話なので、少し詳しく紹介してみましょう。

爺が薪《まき》を町に売りに行ったが売れない。竜神を念じて薪を淵に沈める。すると水の中から美しい女が現れる。竜神が薪のお礼に汚い子どもをくれるので、はなたれ小僧様といって願えば何でも聞いてくれるが、毎日三度ずつ海老膾《えびなます》を供えよと言う。爺は小僧を連れて帰り、毎日海老膾を供えて大切に育てた。欲しいものを頼めば、はなたれ小僧様が鼻をかんで何でも出してくれた。爺は立派な家や倉を建て大金持ちになった。爺は金持ちになると、海老膾を供えるのが面倒くさくなり、小僧にもうお願いするものはないから竜宮に帰ってくれと言うと、小僧は外に出て、鼻をすすった。すると、たちまち家も倉も消えて、元のあばら屋だけが残った。爺はびっくりして外に飛び出したが、はなたれ小僧様の姿はなかった。

子どもの姿の霊的存在が神秘的な富をもたらす「竜宮童子」あるいは「海神少童」と呼ばれている昔話は、早くから研究者の注目を集めてきました。柳田國男《やなぎたくにお》が強い関心を持って取り組んできた、「桃太郎」に代表される水辺に出現する「小さ子」物語と名付けた要素を骨子とする説話群に含まれます。柳田は、これらの話に日本人の固有信仰としての「海神信仰」の名残りを読み取りました（柳田國男「桃太郎の誕生」『柳田國男全集10』ちくま文庫）。さらに、文化人類学者の石田英一郎（一九〇三―六八年）は、柳田の説を発展させて、子どもの姿の霊的存在が出現し何らかの富を与えるという日本に広く見られる観念の背後に、「母子信仰」を読み取り、その広がりが世界的なものであることを追跡しています（石田英一郎『桃太郎の母』講談社学術文庫）。

ここでも、「贈与」という観点から、この昔話を見直してみたいと思います。

無限の富

この話は、爺から竜神への薪の贈与から始まります。これに対する返礼として、子どもが与えられることになります。その子どもが富をもたらすのです。しかし、金持ちになった爺は傲慢になり、約束を破った結果、子どもを失い、それとともに富も消えてなくなってしまいます。元に戻っているという点で、「循環型」の構造をしていることがわかります。

爺から竜神への薪の贈与に対して、無限に富をもたらす子どもが返されるわけですから「交換」と位置づけられますが、そうとすれば、理解しがたいことです。薪には無限の富に見合うだけの価値があるとは考えにくいからです。この薪には、「笠地蔵」の笠と同様に、何か秘密があるように思われます。

竜神に捧げた薪も笠と同じく、町に売りに行って、売れ残ったものです。薪は、金額的な価値はゼロであるということです。しかし、薪は燃料としての使用価値は残っています。ところが、爺は薪を淵に投げ入れているのです。これを少々意地悪く見れば、水の中では、薪は使えないといえるでしょう。つまりこの話の冒頭で、周到に薪が売り物としても燃料としても価値がないことを描いているのです。

薪もまた笠と同様に、まったく純粋に気持ちだけが贈与されていたということになります。しかし、「笠地蔵」とは異なり、「救済」という気持ちの贈与ではなく、むしろポトラッチ的な「気前のよさ」を見せつけるという意味での気持ちの贈与となっている点に注意が必要です。薪を水の中に投げ込むという行為は、まさにポトラッチが贈り物の破壊に至る点に通じています。

では、なぜ竜神は、直接的に富を返礼するのではなく、無限に富をもたらす子どもをくれているのでしょうか？

無限に富をもたらすという点で似ているものに、「一寸法師」の打ち出の小槌《こづち》がありますｰ。しかし、「一寸法師」の場合では、背丈を大きくした後、ご飯と金銀を打ち出して、それ以上に富を出し続けるという話はありません。打ち出したものを得て、それでハッピーエンドとなります。その後、打ち出の小槌のことは出てきません。使ってしまえば、それで終わりなのです。これは娘が乳母からもらった姥皮とも一致しています。与えられたものを、ためらいもなく受け取って、使ってしまえば、役割は終わりです。これが呪宝《じゆほう》の正しい使用法なのです。これと比べると、「竜宮童子」の場合には、海老膾を与えないといけないという「約束」が課されて、それを「違反」することで、得たすべての富まで失っていますので、かなり違っていることがわかります。竜宮童子とともに富が消えた途端、爺があわてて探しにいく点にも示されています。

では、何が違うのでしょうか。打ち出の小槌や姥皮の場合は、援助者からの返礼でもなければ見返りを求めるわけでもない一方的な贈り物でした。しかし、「竜宮童子」の場合は、薪の「見返り」として贈られたものだという点です。デリダ風にいえば、前者が「贈与」であるとすれば、後者は「交換」にあたるのです。薪と交換に子どもが与えられている点が違うのです。

貨幣のイメージ

小松和彦は経済人類学者の栗本慎一郎（一九四一年―）との対談の中で、およそ次のように述べています。竜宮童子などと呼ばれる不思議な童子は、こちらの世界とあちらの世界（異界）とを行ったり来たりする「媒介者」であり、媒介された二つの世界では必ず「交換」がなされる点で、「貨幣」の意味合いをもっており、当時の人々が「貨幣」をどのように認識していたかを物語っていると指摘しています（小松和彦・栗本慎一郎『経済の誕生――富と異人のフォークロア』工作舎）。

竜宮童子が「貨幣」の意味合いをもっているという指摘は、いくつかの点で納得がいくものです。薪は金額的にも燃料としても無価値のものとして、竜神に与えられていました。その理由は、無価値の薪と交換されることを描くことによって、童子それ自体もまた無価値であることを示すためかと考えられます。その証拠に、童子自体は価値のあるものとしてではなく、あくまで富をもたらす「媒介」として描かれているのです。

では、なぜ「竜宮童子」の話も「笠地蔵」と同様に、爺は純粋な気持ちの贈与を行っているにもかかわらず、「笠地蔵」では直接的に大きな富を反対贈与されているのに対して、「竜宮童子」の話では、無限に富を出す子どもが与えられているのでしょうか？「竜宮童子」の爺も、薪を売るために町に出ていたわけですから、「笠地蔵」の爺と同じく旅装束であったと思われます。しかし、「笠地蔵」では、爺が笠を脱いで、正体を明らかにしていたのに対して、「竜宮童子」の話では、爺は売れ残りの薪を淵に投げ込んでいるものの、笠は脱いでいないのです。つまり、その正体は明らかにされていない話なのです。

このように考えられるのは、「笠地蔵」のヴァリエイションのなかに、「竜宮童子」と非常によく似た話があるからです。それは、笠が「一体分足りない」場合に、爺は自分の笠を脱がずに、その一体を背負って家に連れて帰ると、その地蔵の鼻の穴から米や酒が出るというものです。このタイプは、爺の家に地蔵が訪れる「訪問型」に対して、

「招待型」と呼ばれています。一般にはあまり知られていませんが、各地で採集記録された「笠地蔵」に分類される話には、じつはこのタイプの話が多く見られるのです。この話の結末は、婆が欲張って、もっと米を出そうとして、火箸で鼻の穴を広げようとすると、米が出なくなるというものです。連れて帰った地蔵を、はなたれ小僧と同じ位置を占めるものと考えれば、非常によく似ている話であることがわかります。ここから考えると、「竜宮童子」の爺も笠を脱いでなかったのではないかと想像されるのです。

　私たちは、贈り物を受け取った際に、誰から受け取ったかがわかる場合には、時間をおいて、返礼をします。「笠地蔵」の話は、その意味での贈与と返礼の話になっています。しかし、贈り物を与えてくれた人が誰なのかわからなければ、時間をおいてしまうと相手がわからず、返礼することはできません。もし、するとすれば、その場でお返しをするしかありません。それは贈与ではなく、「交換」です。竜宮童子もその場で、爺に渡されていました。さらに、この「交換」は、どこの誰なのかわからない相手との間でなされているのです。私たちが見ず知らずの相手から、モノを手に入れる際に、その対価としても用いるのは、「貨幣」ではないでしょうか。

童子はそれ自体は「無価値」であり、見ず知らず者との間での交換を可能にする「媒介」として働くという意味では、「貨幣」としての特徴を備えているといってよいかと思います。

貨幣と贈与

経済学者の岩井克人《かつひと》（一九四七年―）は、「貨幣」を「贈与」の観点から捉え直した文章のなかで、およそ次のような議論をしています。

たとえば一万円札それ自体は、無価値の紙切れに過ぎません。それが価値を帯びるのは、これを受け取って一万円に相当する価値あるモノを渡してくれる人がいると信じられているからです。そして、無価値なモノを受け取る人も、さらにこれを受け取って、価値あるモノを渡してくれる人がいると信じているからなのです。これを繰り返していくと、無価値なモノを受け取り、価値あるモノを渡すという不等価交換の最終的な引受人が必要になってきます。

岩井は、この引受人に「無限の未来の人間」を想定し、一枚の紙切れが貨幣として使われることによって、紙切れの価値をはるかに超えて持つことになる一万円の価値を、無限の未来の人間からの今ここに住む人間に送られてきた「気前のよい贈り物」であると述べています（岩井克人『貨幣論』ちくま学芸文庫）。

通常、私たちが貨幣をやり取りしている際、貨幣の最終的な引受人である「無限の未来の人間」を考えているわけではありません。貨幣それ自体に価値があると信じているからこそ、貨幣をやり取りしているのです。本来、貨幣それ自体が無価値であるとすれば、人々の盲目的な「信仰」とも呼ぶべき態度によって、貨幣が成り立っていることになります。

岩井の議論の面白いところは、貨幣それ自体が無価値であるとすると、貨幣を受け取って価値あるモノを渡すことは「贈与」として捉えられる点、そして、このやり取りを続けていくと、貨幣の最終的な受け取り手である「無限の未来の人間」を想定せざるを得ないという点を指摘したことでしょう。貨幣に価値があると信じているから貨幣を貨幣として使用するというよく見られる事態を、「贈与」という観点から「翻訳」しているのです。もちろん、この「無限の未来の人間」というのは、実在するわけではありません。なぜなら、決して到達することのない未来にいる人間だからです。もし、その無限の未来の人間が実際に現れてしまえば、その人間はきっと価値あるモノを渡して無価値なモノを受け取るといった不等価交換は拒否するでしょう。そうすれば、次々に受け取りの拒否の連鎖が始まって、貨幣は価値を失ってしまうことになります。だからこそ最終的な受取人は、「無限の未来」に想定されなければならないのです。ここから考えれば、むしろ重要な点は、それ自体は価値のない貨幣が価値を帯びるためには、その価値を最終的に保証する存在が前提されていなければならないということです。しかし、その価値を最終的に保証することは、「無限の未来の人間」がそうであったように、実在する人間には不可能なことです。もし、それを表現するとすれば、人間を超えた存在でなければならないでしょう。

では、竜宮童子の価値を保証しているのは、誰でしょうか。それは竜神です。竜神がその価値を保証している間は、竜宮童子は無限の価値を体現することになります。無限に富をもたらすという表現は、竜宮童子が無限の価値を体現している状態を表現していると思われます。しかし、竜神が価値を保証するのには、約束がありました。毎日三回、海老膾を供えるというものです。

この約束の興味深い点は、海老膾という価値のあるモノを与えることで、本来は無価値である童子の無限の価値が維持されている点です。貨幣が価値を帯びるためには、「無限の未来の人間」のように最終的な引受人が想定されるわけですが、実際には、貨幣の価値はそれが使用されるたびにその都度、確認されているはずです。なぜなら、貨幣はいつ受け取りを拒否されるかわからないからです。つまり、実際の場面では、価値をあるモノを与えて貨幣を受け取る者が、つねに実在しつづけなければならないのです。かりに、誰か一人でも貨幣の受け取りを拒否すれば、それをきっかけにして、受け取り拒否の連鎖が生じて、貨幣はただの紙切れ同然の無価値のものになってしまうかもしれないのです。私たちが貨幣を受け取るたびに、貨幣はその価値を保証されているということなのです。とすれば、海老膾を与えるという爺に課された約束は、童子の価値をその都度、保証する行為に相当していることになるでしょう。しかし爺は裕福になった結果、態度が変化し、傲慢になってしまい、この約束を破ることになります。童子が家を出ていった後、すべての富が同時に消えてしまうのは、童子が体現していた価値が消えてしまったからでしょう。一万円札が、極端なインフレでただの紙切れになってしまった状況に相当していると思います。

　爺の態度の変化は、童子に対する見方の変化ということになります。約束を守っている間は、ありがたい存在に見えていたものが、約束を破るときには、面倒な存在に見えていたということです。このことは、爺には約束の意味がわかっていなかったことを示しています。海老膾を与え続けることによって、はじめて童子の価値が保証されることがわかっていなかったのです。

　この話のヴァリエイションでは、爺が竜宮童子を部屋に隠して、大切に育てていましたが、爺の留守中に、婆が掃除しようとして部屋を開けると、汚い子どもを見つけて追い出してしまい、もとの貧乏に戻るというケースがあります。

　この場合には、爺の態度の変化を描く必要はありませんので、竜神との約束の場面もありません。爺の態度の変化を描くかわりに、爺と童子の二人だけの世界である部屋が、婆に見つけられることによって、富を失っているのです。これは第三者によって、正体が明らかになって破局する「蛇婿入」とよく似ていることがわかります。童子を竜神からの贈り物として大切に育てていた爺に対して、婆からすれば、爺は騙《だま》されて汚い子どもの世話をさせられていたということになります。

童子が「貨幣」だとするならば、この話が語られ出した時期には、人々は貨幣について、まだよくわかっていなかったと思われます。あるいは、爺のように町に薪を売りに行く者にとっては理解できていても、家にいる婆には、その価値はわからなかったのかもしれません。貨幣による交換が恒常化していない段階では、貨幣をもっていても、いつ使えるかどうかもわかりませんし、どれぐらいのモノと交換できるのかその時々の状況によって、きわめて流動的であったのではないかと思います。人によって、時と場合によって、価値があるように見えたり、無いように見えたりする不安定なものだったのでしょう。

このタイプの話のほとんどが、一時的に獲得した富を、結局は喪失するという結末になっています。そこから考えれば、生活のなかに貨幣が入り込んでいく際に、人々はまだそれが何なのかよくわからなかったため、「汚い子ども」として表現していたのではないかということ、しかし、それを追い出しているように、最終的には、貨幣の価値を認めなかったのではないかということが想像されるのです。この話は、貨幣の不可思議な魅力に誘惑されつつも、結局は、貨幣を拒絶した話といえると思うのです。

その意味では、爺の態度が変化したために、貨幣を失ったというよりは、貨幣を失わせるために、爺の態度が変化させられたのではないかと思われます。爺の態度が変化しない場合には、婆が貨幣を追い出しているのです。この話は貨幣が人間の心を変えてしまう危険性を持っていることを告げている話ということができそうです。そして、この危険性を避けるためには、貨幣は排除しなければならないという考え方が背景にあるように思います。

現代社会を生きる私たちもまた、貨幣には人間の心を狂わせるような何か恐ろしい力が宿っていることを知っているはずです。無限に富を出し続ける童子が消えて、どこかほっとした感じがするとすれば、その辺りに理由があるように思います。

大歳の客

とはいえ、できることなら、貨幣を手に入れたいと思うのが人間の心でしょう。それ

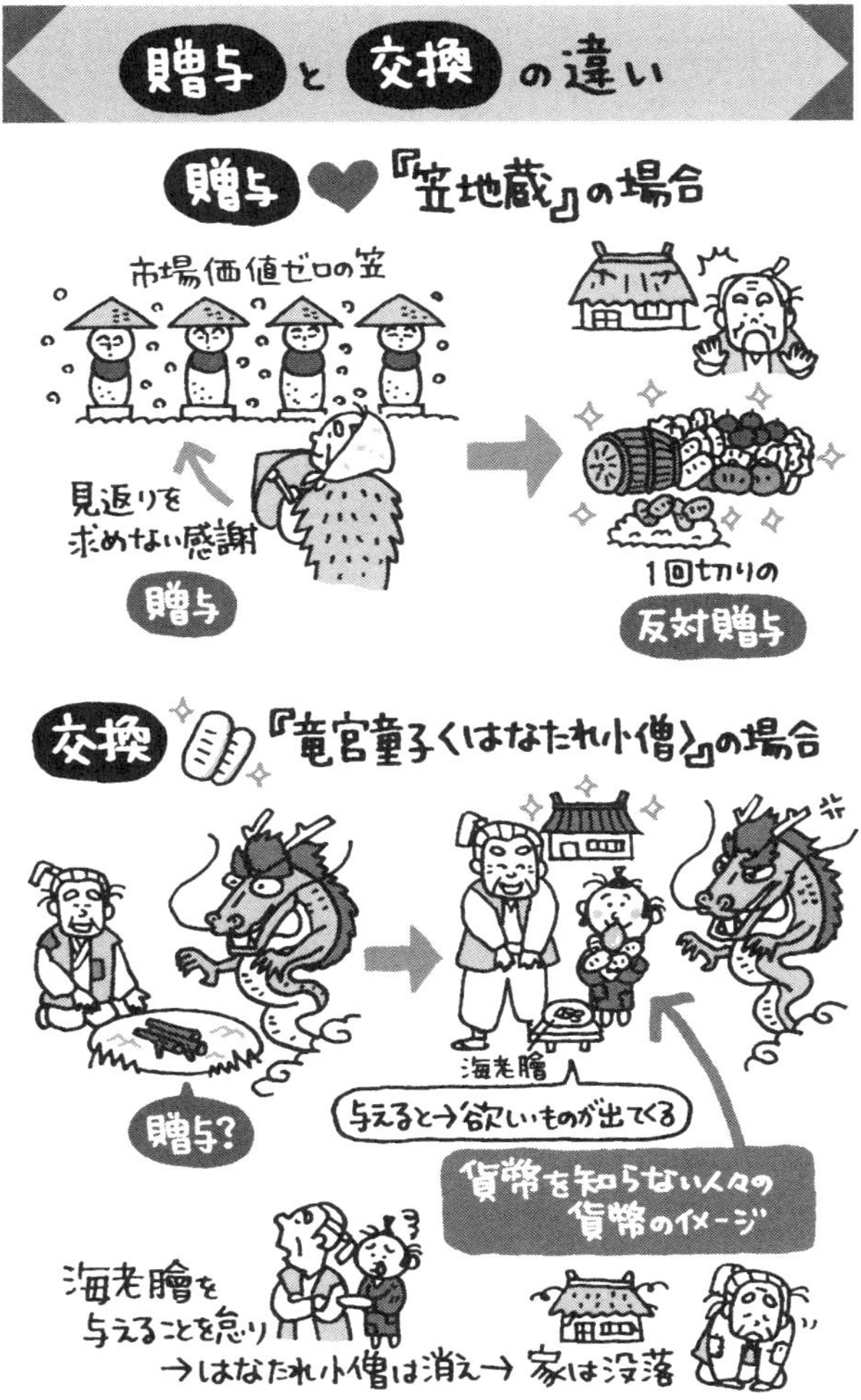
贈与と交換の違い
贈与『笠地蔵』の場合
市場価値ゼロの笠
見返りを
求めない感謝
贈与
1回切りの
反対贈与
交換『竜宮童子〈はなたれ小僧〉』の場合
贈与?
海老膾
与えると→欲しいものが出てくる
貨幣を知らない人々の
貨幣のイメージ
海老膾を
与えることを怠り
→はなたれ小僧は消え→家は没落

がよく表れているのが、「大歳《おおとし》の客」と呼ばれる話です。あらすじは、次の通りです。

大晦日《おおみそか》の晩に、突然、旅人（六部《ろくぶ》・座頭・検校《けんぎょう》など）が訪れて一夜の宿を求める。貧乏なので断るが、無理やりに家に上がり込んで泊まる。翌日、旅人を起こしにいくと、旅人は小判に変わっている。

この話を、「一夜の宿に対する返礼」の物語と理解するならば、宿の提供という「救済」の贈与に対する反対贈与の話と捉えることができるでしょう。

しかし、この話のヴァリエイションでは、泊まった旅人が病気で急死したり、居眠りして囲炉裏《いろり》に落ちて焼け死んだりして、その死体を寝かせておいたら、翌日に小判に変わっていたというものがしばしば見られます。これをどのように考えればいいでしょうか。

この話は、「瘤《こぶ》取り爺《じじい》」のように「隣の爺」型と呼ばれる話になっているものが多い点が手掛かりになると思います。隣の爺が、小判を得るために、真似をして無理やりに旅人をつかまえてきて寝かせると、翌日に、牛糞《ぎゅうふん》など汚いものになっているというものです。さらに、ヴァリエイションを見ていくと、爺が泊めた旅人が焼死し、その死体が小判に変わるケースでは、隣の爺は、その真似をして、無理やりつかまえてきた旅人を、わざと焼き殺しているものもあるのです。

「隣の爺」型の話では、爺と隣の爺を対照的な人物として描いています。しかし、これは同じ人物の二つの顔を表現していると捉えることもできると思います。さらにいえば、隣の爺のほうが、爺の真実の姿を露呈しているとも思えるのです。このことがはっきりと描かれているのが、「こんな晩」と呼ばれる話です。あらすじは、次の通りです。

ある晩、六部が一夜の宿を求める。大金を持っていることを知った主人は快く泊める。その晩、主人は六部を殺して所持金を奪う。この金を元手に、その家は栄える。その後、その家に男の子が生まれるが、生まれつき口がきけない。その子が十二、三歳になったある名月の晩、気難しい顔をして起きている。主人が小便に連れて行こうとすると、「ちょうど今夜のような晩だったね」と言う。びっくりしてその子の顔を見ると、殺した六部とそっくりの顔で睨《にら》んでいる。

この話では、所持金を目当てに六部を殺していますす。所持金は、六部が旅先での用を足すために持ち歩いているわけですので、これは単なる「富」ではなく、「貨幣」といって間違いないでしょう。この話には、貨幣への欲望がはっきりと語られているのです。興味深いのは、殺害された六部の「顔」が、「祟《たた》り」というかたちで、子どもの顔に現れている点です。これは、金品の強奪というかたちでの、不当な「贈与」つまり「犠牲」の与え手が誰であったのかその正体を明かすことで、その反対贈与、つまり「償い」を要求している話のように見えます。つまり、はっきりと「祟り」を告げている話だと考えられるのです。

「異人殺し」伝説

この話が、殺された旅人の「祟り」をめぐる特定の家にまつわる伝説として各地で伝えられているのが、「異人殺し」伝説と呼ばれるものです。この伝説は、ある家が旅人を殺害して、その所持金を奪い、これを元手にして繁栄するものの、その後、旅人の怨霊の祟りによって、家の者に病人や死者が続出したり、没落したりするという内容をもっています。

小松和彦によれば、この伝説は、ある特定の家がなぜ急に裕福になったのか、またなぜ急に没落したのかといった、人々が抱く疑問を同時に説明しています。そればかりではなく、殺人者の家としてレッテルを貼ることによって、急速に成り上がった特定の家を排除する機能ももっているのです。この背景には、貨幣経済の浸透にともなって、既存の秩序が破壊されつつあるという村落共同体の危機感があります。貨幣を排除することで既存の秩序を守ろうとする村落共同体の心性を、この伝説から小松は読み説いています（小松和彦『異人論——民俗社会の心性』ちくま学芸文庫）。

しかし、一方では、このような話が成り立つためには、より多く貨幣を獲得した家に対する、周囲の家からの「嫉妬」があるからともいえるかと思います。貨幣を排除の対象ではなく、むしろ積極的に欲望の対象とするような人々によって語り出された話のように見えます。その意味で、都市的な世界の新しい「心性」を背景とした話とも考えられるのです（山泰幸「殺された異人の〈顔〉」山泰幸・小松和彦編著『異人論とは何か』ミネルヴァ書房）。

このことは、現代を生きる私たちにとって、旅人が小判に変わるという話よりも、旅人を殺して所持金を奪うという話のほうが、いかにもありそうなリアリティをもって感じられる話であることとも関連しています。私たちは、貨幣への欲望に全面的に曝《さら》されている社会を生きているのです。

しかし、それにかかわらず、返礼として富が与えられたとする贈与の物語も相変わらず語られてきたのです。人間の心を欲望の渦に巻き込んでしまう貨幣の力に対する、私たちの怖れの気持ちが、贈与の物語を生み出してきたようにも思うのです。それは贈与の物語のなかに、人間にとっての「安心」を私たちが見出してきたからでしょう。

終章　どんな人物が幸運をつかむのか？

この本で取り上げた、昔話の主人公たちを見ていくと、いくつかのパターンがありました。まず、「欠如」状態から出発して、困難を克服して、最終的に、「充足」状態となるパターンがありました。「桃太郎」や「一寸法師」、「笠地蔵《かさじぞう》」などがこれにあてはまります。富の獲得という点からいえば、「鶴女房」もこれにあてはまります。

一方、それまでは「充足」状態にある主人公に、何か不幸な出来事が生じて、「欠如」状態となるものの、最終的には、「充足」状態になるパターンもありました。これには、「姥皮《うばかわ》」が相当するでしょう。

さらに、「欠如」から出発して、一時的に「充足」状態になったにもかかわらず、驕《おご》り高ぶったり、約束を守らなかったり、正体を覗《のぞ》かれたりした結果、最終的に、「欠如」状態に戻るパターンもありました。「蛇婿入《へびむこいり》」や「竜宮童子」もそうです。「結婚」という点から見れば、「鶴女房」はこちらにもあてはまります。

しかし、「充足」状態から出発して、最終的に、「欠如」状態で終わるという話は、これまで見てきた話ではありませんでした。これが昔話の基本的な構造なのでしょう。最終的に、「充足」状態で終わる話は、幸福になる話であり、主人公は幸運をつかむ人物ということができます。一方、最終的に、「欠如」状態に戻る話は、不幸になる話であり、主人公は幸運をつかみ損ねた人物ということができます。

この二つのタイプの話は、まったく正反対の結果を招いている話ということができます。しかし、どちらの話も、昔話の聞き手である私たちにとっては、「納得のいく」話であるという点で共通しているのです。では、なぜ私たちは「納得がいく」のでしょうか。

もちろん、好ましい人物が幸せになり、好ましくない人物が不幸になっているからなのですが、どちらの話も構造的なレベルで考えたときに、共通性があるからなのです。

「待機」と「欠如」

「欠如」状態には、二つのタイプがあります。一つは、「欠如」状態であることが当然であると見なされるタイプです。これは驕り高ぶったり、約束を破ったりして、「欠如」状態に戻った場合です。この場合には、「欠如」状態を改善しようとする動きは生じません。もう一つは、「欠如」状態であることが不当であると見なされるタイプです。この場合に、「欠如」状態を改善する動きが生じるのです。

改善する動きが生じる場合の「欠如」状態とは、本来あるべき何かを失ってしまった状態であり、その失われた何かが「戻ってくる」ことを「待っている」状態ということができます。つまり、「待機」している状態なのです。

デリダは、贈与としての贈与は、受け手にも与え手にも、贈与として現れてはならない、と述べていました。このように述べるのは、モースのいう「贈与」が、時間をおいて後から、反対贈与がなされることが義務とされている点で、結局、「交換」になっているからでした。デリダの観点からいえば、モースのいう贈与は、何ら贈与していない贈与ということになります。もし、モースのいう贈与が贈与しているものがあるとすれば、それは「時間」であるとデリダは指摘します。贈与に対して、一定の期間をおいて、反対贈与がなされているからです。贈与は、時間を与えているのです。

たとえば、私たちが自分の誕生日に友人から贈り物をもらったとします。すると、今度は、私たちが、友人の誕生日に贈り物を渡すのではないでしょうか。それも、おそらくは自分が誕生日にもらった贈り物と同じ程度の価値のものを渡すのではと思います。この贈り物のやり取りは、「贈与」という体裁をとっていますが、実際は、「交換」になっていることがわかります。贈与したものが戻ってきていると考えられますので、デリダ的にいえば、結局、何も贈与していないのではないかということになります。もし、贈与によって与えられているものがあるとすれば、受け取ってからお返しするまでの間の「時間」だけではないか、というわけです。

贈与と反対贈与の間にある時間の長さが、「瞬間」であれば、それは「交換」になります。一方、「無限」であれば、それは「純粋贈与」に近くなるでしょう。贈与が与える時間は、「瞬間」と「無限」の間にあって、そのいずれにも区別されながら、いずれにも引き戻されるような、期限付きの時間なのです。この期限付きの時間は、贈与が戻ってくるまでの「待機」の時間ということができます。デリダは、この期限付きの時間は、「一つのリズム」、あるいは「一つの拍子」を要求すると述べています（前掲書）。

に、「充足」状態に至る「物語のプロセス」なのです。

「幸せ」と「円環」

「欠如」状態から、最終的に、「充足」状態で終わる話は、「上昇型」の話といえますが、これを失われた何かが戻ってきていると考えれば、より深いレベルでの構造は、「循環型」をしているといえます。

「充足」状態から、「欠如」状態を経て、最終的に「充足」状態になる「姥皮」のようなタイプの話も、「欠如」状態から、一時的に「充足」状態になるものの、結局は、「欠如」状態で終わる「竜宮童子」のようなタイプの話も、「循環型」をしています。

つまり、物語のプロセスが、円環をなすようにして、「つながった時」に、私たちは「納得がいく」ということなのです。それは「充足」状態で終わる良い結果の場合もあれば、「欠如」状態に戻る悪い結果の場合も同様です。このことは、「笠地蔵」や「竜宮童子」の話の冒頭にも表れています。年の瀬になることで「欠如」が生じているように、一年のサイクルの切れ目において、再び輪がつながり、円環をなす時期の出来事であるからです。これはまた、「幸せ」という言葉が、冒頭で述べたように元来、ものごとが一致することや巡り合わせを意味しており、良くない結果も含むものとされていたことにも通じています。

この「納得がいく」という感覚は、物語が与える「快感」といってよいでしょう。とくに、主人公がハッピーエンドに終わる場合には、私たちは、主人公の気持ちと一体となって、「幸せ」を味わっているはずです。なぜなら、この「幸せ」は、主人公が逆境から脱出して、「救済」されたことを意味しているからです。

円環する贈与と人間関係

このような円環を描いて戻ってくる贈与を、デリダは「交換」であるとして、贈与ではないと見なしてしまいました。そして、もし贈与によって与えられているものがあるとすれば、それは「期限付きの時間」であると述べていました。一方、モースの立場からすれば、贈与が与えているのは、人と人のつながり、人間関係であるということになるでしょう。なぜなら、モースは、古代社会やかつて未開とされた社会の贈与の慣行の分析から、贈与という行為が社会的紐帯《ちゅうたい》を創り出す点を明らかにしようとしていたからです。社会学の言葉でいえば、贈与は人間関係を創り出す潜在的機能があるということになるでしょう。ですので、贈与として現れてはならないのが本当の贈与であるとするデリダの立場からの贈与では、人と人との間にやり取りが生まれず、人間関係を築くことはできませんので、モースの立場からは受け入れ難い見解となるはずです。

このように両者の贈与に対する捉え方はまったく異なっていますが、贈与によって具体的に贈与されているモノとは別に、贈与が何かをもたらしているという視点を持っている点では共通しているといえます。

両者の見解を合わせてみれば、贈与がもたらしているのは、「期限付きの時間」と「人間関係」ということになります。贈り物を与え、そのお返しがなされる、その一連の行為が人間関係を形成し、それは一定の期間に行われなければならないのです。

たとえば、すでに述べたように、「あいさつ」は言葉や態度による気持ちの贈与ということができます。入学式で初めて出会った同級生に、こちらが、あいさつをすると、向こうもあいさつを返してくれます。これによって、人間関係が始まることがわかります。また、学校の廊下ですれ違った友人に、あいさつすると、向こうもあいさつを返してくれます。これによってすでに築かれている人間関係が再確認されたり、より強化されたりするでしょう。あいさつの場合は、やり取りされる時間は短いですが、あいさつを受けて、それにお返しする一連の行為の間には、やはり一定の時間があることがわかります。このことは、誕生日の贈り物のやり取りから、冠婚葬祭にまつわるさまざまな贈り物のやり取りまで、あてはまることでしょう。

人間はその成長のプロセスにしたがって、学校や会社などさまざまな社会集団に所属しては、やがて、そこから離れて、再び別の社会集団に移っていくことを繰り返します。そのたびに、私たちは新しい人間関係を築いていくことになります。そして、新しい人間関係の始まりには、あいさつや贈り物のやり取りなどの「贈与」という行為が介在しているのです。

このことは、主人公の成長のプロセスを描いた昔話には、よくあてはまります。たとえば「桃太郎」の場合には、きび団子を与えることで仲間をつくっていました。「一寸法師」の場合には、鬼から「救済」した娘と結婚していました。そして、興味深いのには、このように主人公が新たな人間関係を築いていくのは、子どもから大人への移行の期間、つまり「期限付きの時間」のなかで行われていることです。そこから考えると、主人公こそが贈り物のように見えてきます。「神の申し子」とは、贈り物としての主人公の性格をよく言い当てている言葉だったのです。

このように主人公が人間関係を築いていく昔話を繰り返し聞くことによって、聞き手である私たちは、「幸せ」と感じてきたのです。

幸運のリズム

このような円環を描く物語の構造は、まさしく「一つのリズム」を持っているといえます。では、このリズムは何によって生み出されているのでしょうか。

それは、「欠如」状態から「充足」状態へと主人公を導くことになる「転機」となる出来事です。「姥皮」の場合には、乳母＝山姥《やまんば》が現れて、姥皮を与えていました。「一寸法師」の場合は、鬼が現れて、打ち出の小槌《こづち》を置き忘れていきました。援助者が登場し、呪宝《じゅほう》を与えるという出来事が転機となっているのです。これらの援助者による呪宝の贈与は、すでに検討したように、与え手も受け手もそれが贈与であることを意識していないか、あるいは忘れているという意味で、「純粋贈与」ということができます。純粋贈与は、円環する贈与の物語にリズムを与えるために、物語の世界に突如現れては消える、瞬間的に行われる贈与といえます。純粋贈与は、円環する贈与の物語にリズムを与える契機なのです。

この純粋贈与という出来事は、向こうからやって来るという意味で「運」と呼んでよいでしょう。しかし、純粋贈与であるがゆえに、与えられたものであることに受け手は気づかないか、すぐに忘れてしまうのです。そのため、純粋贈与の受け手は、そもそも運が備わっている人物と捉えられることになります。柳田國男《やなぎたくにお》の言葉でいえば、「生まれつき備わった福分をもつ者」、つまり、「運がいい人」なのです。

「笠地蔵」の場合には、笠を脱いで地蔵に与えるという行為が、「欠如」状態から「充足」状態へと主人公を導くことになる転機となる出来事でした。これを「純粋な気持ちの贈与」と呼んでいました。では、純粋にどのような気持ちが贈与されていたでしょう

円環を描く物語
上昇型『桃太郎』
日本一
老夫婦
仲間が増えた
鬼退治
金銀財宝
本来あるべき何かが戻ってきた
循環型①『竜宮童子〈はなたれ小僧〉』
元に戻る
家が繁栄
子どもを顧みず
元の貧乏な家に…
循環型②『姥皮』
裕福な家
長者の息子に姿を見られる
継母に追い出される
元に戻る
元の裕福な家に…

か。前述したようにそれは「救済」の気持ちです。ただし、「感謝」の気持ちと重なり合った「救済」の気持ちです。反対贈与として振る舞う贈与なのです。爺《じい》の笠の贈与は、「見返りを求めていない」という意味でも、純粋な気持ちの贈与ということができますが、しかし、これが贈与である以上、地蔵は「応答」を迫られることになります。過剰な反対贈与を行うのです。純粋な気持ちの純粋な贈与は、相手の心を動かすのです。

この場合は、主人公から働きかけが行われている点に特徴があります。柳田の言葉でいえば、「心がけがよくて神に愛されている者」ということになるでしょう。つまり、自らの心がけで、「運をつかむ人」ということになります。

援助のパラドックス

「笠地蔵」では、「感謝」としての「救済」、反対贈与として振る舞う贈与として、爺の笠の贈与が行われていました。爺の行為は、いくつもの意味において、純粋な気持ちの贈与ということができます。

「救済」という贈与は、「鶴女房」において、捕まった鶴を放すという行為にも見られました。この場合の「救済」の贈与は、「笠地蔵」とは異なり、「救済してあげる」という意味での贈与なのです。実際、若者のおかげで、命を助けられることになります。命を助けられるという贈与は、これを受けた者に、強烈な感謝の気持ちを引き起こすだけでなく、とてつもなく大きな負い目を与えることにもなります。鶴は、「感謝」の気持ちと重なった「負債」を返すために、過剰な反対贈与を行ったのです。これは、「献身」と呼ぶことができます。

ここから考えると、「救済」という贈与は、非常にやっかいな贈与ということができます。相手を助けることが、相手を苦しめることにもなるからです。これは「救済」に限らず、「援助」という行為がそもそも抱え持っている矛盾といってよいでしょう。ここでは、これを「援助のパラドックス」と呼びたいと思います。

花咲爺

援助のパラドックスに関して、「花咲爺《はなさかじい》」を取り上げて、検討してみましょう。あらすじは、次の通りです。

子どものいない爺と婆がいる。白い犬を拾って育てる。食べ物を与えるとすぐに大きくなる。犬が言う通り、爺が畑を掘ると、大判小判が出る。隣の爺が真似をすると、汚いものばかりが出る。隣の爺は怒って犬を殺して埋めて、その場に木を植える。木は一晩で大きくなる。爺はその木で臼を作って餅をつくと、大判小判が出る。隣の爺が臼を借りて、餅をつくと、汚いものが出る。隣の爺は怒って、臼を割って焼く。爺は灰をもって帰る。爺が殿様の前で灰をまくと、花が咲く。爺は褒美をもらう。隣の爺が真似をすると、灰が殿様の目に入り、罰せられる。

子どものいない老夫婦は、子どもの「欠如」を表しています。そこに白い犬が現れます。この話のヴァリエイションでは、婆が川で拾った桃から生まれたという話もあり、「桃太郎」とよく似た話といえます。また、最初から、犬を飼っている話も多いです。いずれにしても、子どもの位置を犬が占めているということができます。さらに、この犬は、富をもたらすという点でも、「竜宮童子」の話にも近いということができます。

しかし、「竜宮童子」との違いは、この犬は、爺に積極的に働きかけて、爺を助ける役割をしていることです。そして、爺も犬のいうことを素直に受け入れています。その意味では、この犬は、援助者としての役回りをしているといってよいでしょう。

また、この話では、二人の爺が登場する「隣の爺」型となっている点も大きな特徴です。「竜宮童子」の場合は、一時的に富を得たものの、爺が心変わりしたり、爺の留守中に婆が追い出したりして、結局、富を失っていました。しかし、この話では、富を得る爺と、富を得られない隣の爺とに、役割を分けて表現していると考えられます。その意味では、同じ人間の二つの顔を表していると考えられます。

では、なぜ爺は富を得ることができて、隣の爺は汚いものばかりを与えられたのでしょうか。その理由は、爺が好まれる人物像であり、隣の爺が好まれない人物像であるからであるのは間違いありませんが、しかし、二人の爺が、同じ人間の二つの側面であるとすると、これにはもっと深い理由がありそうです。なぜなら、二人が同じ人物であるとすれば、犬は二人に対して、同じものを与えていたのではないかと考えられるからです。同じものを与えているにもかかわらず、そこに相反する二つの受け止め方があり得たということではないかと考えられるのです。

援助の負の側面

一つの受け止め方は、犬が爺に対して与えた贈り物は、育ててくれたお礼として、感謝の気持ちからなされているというものです。犬からの贈り物を爺が当然のように受け取って、返礼をしていないことからも、一つのあり得る考え方かと思います。この場合は、贈与に対する返礼を描いた、非常にわかりやすい物語ということができます。

しかし、それでは、なぜ犬が殺されたり、臼が燃やされたりするエピソードが加えられなければならないのか、その理由が見えてこないかと思います。

もう一つの受け止め方は、犬から爺への一方的な贈与という受け止め方です。爺にとって、犬を飼うことは、楽しみであって、犬から何か見返りを求めるために飼っているわけではないでしょう。犬からの贈与は、受け取る理由のない、思いも寄らない贈与ということができます。この思いもかけない贈与は、犬を世話する側の爺が、世話される側の犬に、援助されていることを意味しています。捉え方によっては、これは屈辱的な出来事です。犬による贈与は、爺の面子《メンツ》や自尊心を傷つける行為ということができます。隣の爺の目から、犬からの贈り物が汚いものに見えたのは、それが自分を侮辱しているように受け止めたからではないかと思われるのです。隣の爺が、犬を殺し、さらに臼を燃やしてしまうのは、その怒りの激しさを示していると思います。援助者が「犬」として描かれていることには理由があるというわけです。

これと関連して、もう一つの受け止め方があるように思います。注意したいのは、犬からの一方的な贈与は、「気前のよい」贈与であるという点です。この気前のよい贈与は、贈与する側の面子を高めて、名誉を与えるという側面がありました。ということは、爺に贈与すること自体が、すでに犬にとって自己の利益に適《かな》っている行為であることになります。これを言いかえれば、「良い犬」になるために、爺に贈与を行っているということです。実際、昔話のなかで、隣の爺は悪者として処罰されるのに対して、犬のほうは良い犬として称賛の対象とされているからです。いわば、犬から爺への贈与は、爺を「搾取」しているという側面もあるということです。そうだとすれば、隣の爺が、これを我慢ならないものとして、怒りを覚えたとしても不思議はありません。犬からの贈与が汚いものに見えた理由も理解できるように思います。

しかし、最終的には、爺は富を獲得して、隣の爺は罰を受けているように、昔話の享受者たちは、援助者からの援助を素直に受け入れるほうが、幸せになると考えていたと思われます。

援助者のイデオロギー

援助者には、乳母や山姥、鬼のように、援助を行うとすぐに消えて、援助された者の意識からも消えてしまう「純粋贈与」を行うタイプと、地蔵や鶴のように、反対贈与を貫徹させるために、贈与と反対贈与のサイクルを断ち切って立ち去るタイプがありました。これとは別に、「花咲爺」の犬のように気前のよい贈与をその場にいて与え続けるタイプがいるということです。このタイプの援助者は、援助される者からの反対贈与を受け付けない点で、相手の面子をつぶし、自らの名誉を高め続ける存在ということができます。ここには、「搾取」としての「援助」が見出されるのです。まさに「援助のパラドックス」なのです。

「花咲爺」の話が「隣の爺」型をとっているのは、この援助のパラドックスの物語的解決といってよいかと思います。しかし、この解決は十分とはいえません。それはあくまで援助者を肯定する強い価値観を背景にして成り立つものでしかないからです。これを「援助者のイデオロギー」と呼んでよいでしょう。

こうした援助者を肯定するイデオロギーは、現代社会においても、そのあらゆる場面において蔓延《まんえん》しているといってもよいかもしれません。なぜなら、人間が生きて行く以上、人生のプロセスにおいて、必ず援助者が必要であるからです。それは昔話が繰りかえし語ってきたことなのです。

一方で、援助者のイデオロギーは、いつひっくり返されるかわからない脆《もろ》いイデオロギーともいえるはずです。隣の爺の行動に示されるように、援助を受ける側からの援助者に対する「憎悪」が露《あら》わになり、いつ「攻撃」を引き起こすのか、わからないからです。

援助する者と援助される者

教育社会学者の仁平典宏《にへいのりひろ》（一九七五年―）は、ボランティアをめぐる語りの変遷を、「贈与のパラドックス」という視点から読み説いています。ここでの「贈与のパラドックス」とは、贈与とは無償の行為であるにもかかわらず、しばしば、反対贈与を得ていると批判的に語れてしまうこと、それも贈与した相手から何かを奪うといったかたちで反対贈与を得ていると語られる事態を指しています。これは、ここでいう「援助のパラドックス」に重なっています。「ボランティア」という現代的な援助においても、それが援助である限り、肯定的な反応と同時に、否定的な反応を不可避的に引き起こすということなのです。そして、ボランティアが社会的に必要とされる限り、その評価や位置づけをめぐる語りの応酬が繰り広げられていくのです（仁平典宏『「ボランティア」の誕生と終焉』名古屋大学出版会）。

このことは、これからますます求められる「介護職」においても、それが援助である以上、援助のパラドックスが見られるはずです。たとえ、そこに援助の対価としての金銭が介在するとしても、むしろ金銭が介在するがゆえに、その多寡が援助の価値に反映することで、より複雑なかたちで、援助する側と援助される側との関係が形成されているといえるかもしれません。「花咲爺」の犬が殺され、臼が燃やされて、最終的に「灰」になってしまったことと、近年、深刻化している介護職の「燃え尽き（バーンアウト）」とは無関係ではないように思えてきます。

援助する者と援助される者とのパラドキシカルな関係性をいかにして解きほぐしていくかは、昔話に描かれているように、古くて今なお新しい「課題（試練）」ということができるのです。

幸運をつかむ人物

最後に、この本で見てきた、幸運をつかむ人物とは、どんな人物だったか整理しておきたいと思います。

まず、「生まれつき備わった福分をもつ者」がいました。このタイプの人物は、援助者からの援助を、当然のように受け取って、そこに何らためらいもありませんし、援助を受けたこと自体もすぐに忘れてしまっているようでした。これをここでは、「純粋贈与」と呼んできました。

この「純粋贈与」を与える援助者は、昔話のなかでは、山姥や鬼のような化け物として描かれたり、一方で、お婆さんや乳母のようにも描かれていました。「蛇婿入」の娘の母親もこれに含まれるでしょう。

これらの援助者のイメージは、とても身近な関係にある者と、それとは逆に、非常にかけ離れた関係にある者と、両極端のイメージが見られることがわかります。

私たちが、素直に援助を受け入れて、それを当然のごとく捉えて、援助を受けてもほとんど感謝しないし、すぐに忘れてしまう相手として、もっともあてはまる存在は母親でしょう。母親のイメージは、とても身近な関係にある援助者の原型的イメージといってよいかと思います。これは言いかえれば、援助を受けてもまったく負担に感じないし、お返しを考えることすら思いつかない相手ということです。これは、生まれたばかりの赤ちゃんや子どもにとっての母親のイメージということができます。赤ちゃんの場合は、援助されること自体、生きることそのものといえます。援助なしには生きていけないからです。

純粋贈与を受ける人物とは、赤ちゃんや子どものように、援助されるに相応《ふさわ》しい、援助をしなければ生きていけないような人物ということになります。昔話の主人公の多くが、赤ちゃんや子どもとして登場するのも、ここに理由があります。

これを言いかえれば、放って置けないような人物、どこか隙のあるような人物ということができます。こうした人物には、母親だけでなく、母親代わりのように世話をしてくれる人など、行った先々で不思議なくらい、援助してくれる人が現れることになります。その理由は、すでに述べてきたように、援助するということは、とても難しいことですので、援助を素直に受け入れてくれる人で、負担を感じて妙に遠慮したりせず、またすぐにお返ししようとしない人は、非常に援助しやすい人だからです。つまり、援助したい人は、援助しやすい人を見つけ出して、援助してしまうのです。こういう人物に対しては、よくわからないうちに、気がついたら、援助してしまっているのではないかと思います。とくに真面目なわけでも、完璧なわけでもないのに、どちらかといえば、いい加減で、よくミスをしでかしたりしているのに、なぜか助ける人が出てきて、うまくいってしまう人というのは、こういう人だということができます。物語は「欠如」から始まるといいましたが、こういう人物は、物語を引き寄せる人物ということができます。身近な人から援助されて、幸運をつかむ人物なのです。

一方で、援助者には、主人公と非常にかけ離れた関係にある者もいました。山姥や鬼がそうです。このタイプの援助者は、どのように考えればいいでしょうか。

私たちは、日常生活を送るうえで、数え切れないぐらい膨大な数の援助を受けて生きています。たとえば、朝を起きて新聞を読むとします。ふつう新聞がそこにあることを当然のように読んでいます。誰が配達しているか、ほとんど考えることはありませんし、読んでしまえば、記憶に残る記事があったとしても、新聞それ自体のことも忘れてしまうでしょう。あるいは、通学通勤のために電車に乗った場合を考えてみましょう。電車をその時間に走らせるには、信じられない数の人が関与しているはずです。しかし、そんなことは考えることもありませんし、電車を降りてしまえば、さっきまで電車に乗っていたことすら、ほとんど忘れてしまうはずです。新聞や電車はお金を支払っていますので、純粋贈与といえないように思いますが、これを自分一人のために、新聞を出版したり電車を走らせたりすれば、とてつもない金額になりますので、一人一人の受け取り手にとっては、限りなく純粋贈与に近いといえます。

このように考えると、私たちが日常生活を送るためには、直接的にも間接的にも、数え切れないぐらいの援助者が関与してくれていることに気づきます。これらの援助者は、ほとんど面識もない、どこの誰なのかもわからないような援助者ということができます。得体の知れない無数の援助者を表現するために、山姥や鬼が用いられているのは、もっともといえます。

つまり、私たちの日常生活の至るところで、援助者は、現れては消えていくということを絶えず繰り返しているのです。私たちは、つねに無数の援助者から援助を受けているのです。私たちは、純粋贈与を受け続けているという意味で、すでに「運のいい人」のはずなのです。そう思えないとすれば、そのことに気づいていないからです。

ですので、気づいていない場合には、突然、鬼が現れて、打ち出の小槌を置き忘れていくというような、なんとも不自然な、ある意味では、妙にわざとらしい援助の仕方をすることになるのです。しかも、これを援助であると気づいていないために、一寸法師のように、「狡《ずる》さ」とも取れるような積極的な行動によって、幸運をつかんだという話なっているのです。この場合は、自分の能力や才能によって、幸運をつかむ人物と言えます。

逆に、日常生活が、無数の援助者による援助によって成り立っていることに気づけば、日常生活のごく当たり前のことが、「奇跡」といっていいくらい、運のいい出来事に思えてくるはずです。それに気づけば、これまで得体の知れない援助者であった無数の人たちが、「顔」の見える援助者たちに変わってくるはずです。「顔」の見える援助者の存在に気づいたとき、私たちは感謝の気持ちを抱きます。このとき、援助者からの贈与に対する反対贈与のサイクルが回転し始めることになります。これはお爺さんが地蔵に笠をかぶせたように、感謝の気持ちから出た贈与、つまり、反対贈与として振る舞う贈与となるのです。わかりやすくいえば、「ありがとう」という言葉で気持ちを伝えるということです。援助者が、鬼や山姥ではなくて、感謝から出た贈与を受けるに相応しい地蔵として表現されているのには、理由があるのです。

先ほど新聞配達の例をあげましたが、私は学生時代に短い間でしたが新聞配達のアルバイトをしていた時期があります。まだ真っ暗な夜明け前、冬などは凍てつくような寒さに震えながら、配達に回ります。雨の降る朝は、とても辛かったことを思い出します。そんな新聞配達のアルバイトをしていると、ときどき新聞受けに、「いつもありがとう。」とか、「雨なのに、たいへんですね。ありがとう。」などの感謝の言葉が書かれたメモが置かれていることがあります。それを見て、本当にうれしく思ったことを覚えています。そして、「こちらこそ気遣ってくださって、ありがとうございます。」と呟きながら、いつもよりも心を込めて、丁寧に新聞受けに新聞を入れたことを思い出します。これは、「感謝」として振る舞う反対贈与に対して、ささやかですが、さらに反対贈与が行われているといえます。「感謝」としての「贈与」は、反対贈与のサイクルを回転させるスイッチのような役割をしているのです。

話を戻せば、この場合には、「心がけがよくて神に愛せられている者」、つまり、自分の心がけで、幸運をつかむ人ということになります。

だれが幸運をつかむのか

以上のように整理してみると、身近な人からの純粋贈与を受けることで、幸運をつかむタイプ、見知らぬ人からの純粋贈与に気づいて、そのことにつねに感謝を示しながら生きることで、幸運をつかむタイプ、そして、見知らぬ人からの純粋贈与に気づかずに、自らの才覚で幸運をつかむタイプの、三つのタイプがあることがわかります。

この三つ目のタイプは、一寸法師がそうであったように、自分の思う通りに、周囲をコントロールできると考えている点で、自分の能力や才能を過信しているタイプといえます。しかし、詐欺師と捉えられていたように、詐欺がうまくいっている場合はいいかもしれませんが、「蛇婿入」のように詐欺がばれてしまえば、すべてを失ってしまうような、危険性もあるのです。このタイプは、右肩上がりの成長社会や、出世することを良しとする社会における、幸運をつかむ人物像ということができます。しかし、一歩間違えば、非常に危うい人物像ともいえるのです。

これら三つの人物像は、昔話のなかでは、別々の人物として描かれています。しかし、どんな人間であっても、程度の差はあったとしても、多かれ少なかれ、これら三つの側面を持っていると思います。問題は、どの側面がより強く出ているのか、あるいはどの程度出ているのかによって、それぞれの幸運のつかみ方に違いが出ているということかと思います。これら三つの人物像を手掛かりに、自分自身の生き方やコミュニケーションを見直してみるのも、幸運をつかむヒントになるのではと思います。

その意味では、誰もが幸運をつかむチャンスがあるということです。幸運をつかむ人物は私たち一人ひとりの心の中にすでにいるのです。そのように私は思うのです。

あとがき

価値観が多様化している現代社会では、人によって、いつ、どこで、何に、幸せを感じるのかは、じつにさまざまとなっています。しかし、「幸せになりたい」という願いは、どんな時代や社会であっても、だれもが望むことではないかと思います。

そこで、この本では、「幸せ」の具体的な中身については、とりあえずカッコにしておいて、「どんな人物が幸運をつかむのか」という点について、昔話を手掛かりにして考えてきました。

この本を書き始める前には、昔話のなかで最後に成功を収める主人公を取り上げて、その性格の特徴や行動のパターンを明らかにしてみよう、と考えていました。貧しいけれども、心のやさしいお爺《じい》さんとか、不思議な誕生の仕方をする子どもなどが、なぜ主人公なのか、また、どんな行動をとることによって、最後には幸せになるのか、その理由を明らかにすることで、幸運をつかむヒントになるのではないかと考えていたのです。

しかし、書き進めていくなかで気づいたのは、主人公の性格や行動もさることながら、むしろ、主人公を助ける援助者の重要性でした。主人公の行動だけを見ていると、ついつい見過ごしてしまいがちなのですが、主人公が幸せになるうえで、援助者の役割が非常に大きいということに気づいたのです。援助者は主役ではなく脇役ですので、あまり目立ちませんし、役目を終えると、すぐに消えてしまいますので、昔話の聞き手である私たちにとっても、ほとんどが記憶に残らないような存在です。しかし、援助者に注目して、あらためて昔話を眺めてみると、むしろ、援助者の登場こそが、幸福な結末へと物語を導くサイクルを回す重要な転換点になっていたのです。もちろん、援助者の役割は、知識としては知っていましたが、書き進めていくことで、新鮮な感動をもって、あらためて発見したというのが正直な気持ちです。

さらに、昔話の援助者たちは、不思議な贈り物を主人公に与えていました。このことから、「贈与」についても、あらためて考えることになりました。「贈与」という視点から、昔話を眺めてみると、物語の展開のプロセスにおいて、贈与と反対贈与（お返し）のやり取りが、じつに多くなされていることに気づいたのです。むしろ、贈与のやり取りを描くことによって、物語の筋が成り立っていると言っても、よいぐらいかと思います。

贈与のやり取りをよく見てみると、幸運をつかむ人物というのは、まずは、援助者からの贈与を素直に受け取っている者でした。また、そうでない場合には、相手に負担をかけないかたちで、感謝の気持ちを込めて贈与を行っている者でした。この場合には、援助者からの反対贈与（お返し）がなされることで、幸せな結末を迎えていました。一方で、贈与のやり取りが、うまく行かなかった場合には、不幸な結末になっていたのです。幸運をつかむかどうかと、贈与のやり取りとが深く関わっていたのです。幸運をつかむには、贈与という行為に秘められている目に見えない力の「秘密」を明らかにする必要があるのではないか、この本を書き進めながら、次第にそう考えるようになりました。この本の副題が、「昔話に描かれた「贈与」の秘密」となっているのは、贈与の秘密が幸運をつかむカギを握っている、そういう意味が込められています。

*

冒頭でも触れたように、日本語の「幸せ」とは、ものごとが一致することや、巡り合わせを意味する言葉で、良くない結果も含むものでしたが、やがて良い巡り合わせを意味するようになっていったとされています。そして、ものごとの一致や巡り合わせは、人間の力を超えた神や仏など霊的存在によって与えられるものという認識が含まれています。

こうした、ものごとの一致や巡り合わせは、「運」と呼んでよく、この「運」には、援助者や贈与が深く関わっており、「運のいい人」とは、援助者から贈与を与えられる者であったということは、すでに見てきたとおりです。

しかし、「幸せ」の具体的な中身については、取り上げてきませんでしたので、最後にこの点について、少し述べておきたいと思います。

昔話の世界では、幸福には大きく二つのテーマがありました。それは結婚と富です。しかし、富の獲得というテーマに関しては、現代でも通用する幸福ではないかと思います。しかし、「竜宮童子（はなたれ小僧）」で、結局は、無限の富が拒絶されていたように、人々が求めてきたのは、途方もなく莫大《ばくだい》な富というよりは、「笠地蔵《かさじぞう》」によく示されているように、無事に年を越して正月を迎えるといった、質素な生活のなかでの素朴な幸せを叶《かな》える程度の富でなかったかと思います。「ほどほどの富」というのが、最終的に、人々が手に入れたいものであったのではないでしょうか。一方で、「桃太郎」や「一寸法師」のように、主人公の成長を描く昔話の場合には、主人公の成功を端的に表現するために、財宝の獲得を語っているのでしょう。この場合には、富の獲得よりも、主人公の成長を語ることに物語の中心があるのです。

また、主人公の成長を描く昔話では、最終的に到達すべきもう一つの幸せは、「結婚」でした。昔話の世界では、典型的な幸せが結婚でしたが、これについては富の獲得と比べれば、現代社会には必ずしもあてはまらないのではないかと思います。実際、男女ともに結婚する年齢が上昇していますし、結婚しない人も増えています。また、一度結婚しても離婚する人も非常に多くなっています。離婚をしている人や結婚をしない生き方を選んでいる人の方が、むしろ結婚生活を送っている人よりも多いかもしれません。昔話とは違って、現代社会では、必ずしも、結婚イコール幸せとは言い切れないと思います。

じつは、昔話の世界の場合も、よく見てみると、必ずしも結婚イコール幸せではないことに気づきます。この本では、男の主人公が女の元を訪れる話、男の主人公の元に女が訪れる話、女の主人公が男の元を訪れる話、女の主人公の元を男が訪れる話の四つのタイプの結婚をテーマとした昔話を検討しました。そのうちの半分、つまり二つは結婚が破局で終わる話でした。男の主人公の元に女が訪れる「鶴女房」と、女の主人公の元に男が訪れる「蛇婿入《へびむこいり》」です。どちらも、主人公が実家にいながら結婚して、最後には、破局しているという共通点があります。主人公が実家を出ずにそのまま暮らしているということと、結婚が破局するということは、どうも関係がありそうです。結婚をしたいと考えている方には、ここに何かヒントがあるかもしれません。この点については、歴史学や民俗学の成果を参考にして、あらためて考えてみたいと思っています。

しかし、どちらの場合も、決して不幸な結末ではありませんでした。「鶴女房」では、男は富を獲得し、「蛇婿入」では、女が詐欺から救出されていたように、結婚の破局が、幸せをもたらしていたからです。結婚が、主人公に与えられた贈り物であるとすれば、それは薬にもなれば毒にもなる両義的な贈り物だということなのでしょう。そして、この贈り物が主人公にとって、薬になるのか毒になるのかは、結婚するまではわからないのです。結婚というものが、幸せばかりでなく不幸をもたらす場合もあることを、昔話を語り伝えてきた人々はよくわかっていたのではないかと思います。そして、このことは、現代社会においても、十分に当てはまることではないでしょうか。

さらにいえば、同じことが、富の獲得にも当てはまります。過剰な富は不幸をもたらすことが、「竜宮童子」で示されていたとおりです。富もまたそれが幸福をもたらす場合もあれば、不幸をもたらす場合もあるからでしょう。「大歳《おおとし》の客」では、富を獲得するために殺害が行われ、こんな晩では、殺人者に祟《たた》りという結果をもたらしていますし、さらに「花咲爺《はなさかじい》」では、富をもたらす者が、それゆえに不幸な結果を迎えていたのです。

このように考えていくと、結婚と富というテーマは、幸福の二大テーマであるとともに、不幸の二大テーマでもあるということです。そして、幸福と不幸のどちらに転ぶかは、最後までわからないのです。もし、これを解くカギがあるとすれば、それは「贈与」ではないかというのが、この本で言いたかったことというわけです。

＊　＊

最後に、個人的な思いを少し述べておきたいと思います。

「贈与」というテーマは、今から約二十年前の大学院生の頃に、昔話「笠地蔵」を取り上げて、アイデアをメモしただけのような論文（拙著『追憶する社会』新曜社に収録）を書いて以来、折に触れて考えをめぐらしてきたものですので、私にとっては、じつに息の長いテーマということができます。

そもそも私がこのテーマに関心をもつようになったのは、学部生の時に、この本でも何度も言及した小松和彦先生（現在、国際日本文化研究センター所長）の『異人論』（ちくま学芸文庫）に出会ったことがきっかけです。小松先生の『異人論』では、「贈与」とは一見すると正反対ともいうべき、金品の「強奪」が問題となっていましたが、これを「贈与」という視点からより包括的に理解できないかという思いがありました。今回、この宿題を解く手がかりに、一歩近づけたのではないかと、密《ひそ》かに思っています。学生時代以来、今も変わらず、親しくご指導いただいている小松先生に、この場を借りて、感謝したいと思います。

この本を出版することになった直接のきっかけは、社会学者の森真一さん（現在、追手門学院大学社会学部教授）に本の構想について話を聞いてもらったことです。森さんは、同じくちくまプリマー新書から『ほんとはこわい「やさしさ社会」』、『「お客様」がやかましい』、『友だちは永遠じゃない――社会学でつながりを考える』など三冊の本を出されているので、読者のみなさんのなかには、すでに読まれた方もいらっしゃるのではと思います。この本で展開した「贈与」の問題とも関連する議論が展開されていますので、まだ読まれていない方は、ぜひ読んでいただければと思います。

森さんとは古い友人で、随分まえから、いろいろとアドバイスを受けてきましたが、昨年春、私が長期のフランス留学を終えて戻って来てからは、一緒に、「哲学カフェ」を始めるようになって、毎月一回必ず会って話をするようになっていたのです。ちょうど今年の夏休み前にお会いした際に、具体的に構想を聞いてもらったところ、早速、ちくまプリマー新書の編集者である吉澤麻衣子さんを紹介していただき、とんとん拍子に話が進んで、本が出たというわけなのです。自分でも本当にあっという間に出たという感じで、不思議な気持ちです。その意味で、この本は、私にとっては、まさに不思議な贈り物という感じがしています。

この本が世に出る直接のきっかけを与えてくださった、森さんと吉澤さんというお二人の援助者に感謝したいと思います。そして、かわいいイラストを描いてくださったたむらかずみさんはじめ、この本が世に出るまでに、さまざまなかたちで助けてくださった、顔を知らない多くの援助者の方々にも、この場を借りて、感謝したいと思います。

また、この本の内容の一部は、フレミラ宝塚（宝塚市老人福祉センター）や西宮市立上甲子園公民館、芦屋ユネスコレディースセミナーハウスなどでの講演が元になっています。講演を熱心に聴いてくださった多くの方々にも、感謝したいと思います。

山泰幸

二〇一五年十一月

chikuma primer shinsho

ちくまプリマー新書245

だれが幸運《こううん》をつかむのか　昔話《むかしばなし》に描《えが》かれた「贈与《ぞうよ》」の秘密《ひみつ》

二〇一五年十二月十日　初版第一刷発行

著者　山泰幸（やま・よしゆき）

装幀　クラフト・エヴィング商會

発行者　山野浩一

発行所　株式会社筑摩書房
東京都台東区蔵前二-五-三　〒一一一-八七五五
振替〇〇一六〇-八-四一二三

印刷・製本　中央精版印刷株式会社

ISBN978-4-480-68949-8 C0239 Printed in Japan

乱丁・落丁本の場合は、左記宛にご送付下さい。
送料小社負担でお取り替えいたします。
ご注文・お問い合わせも左記へお願いします。
〒三三一-八五〇七　さいたま市北区櫛引町二-六〇四
筑摩書房サービスセンター　電話〇四八-六五一-〇〇五三